电子科学与工程学院
School of Electronic Science and Engineering of UESTC

E思E行

2021

马琳慧　主编

电子科技大学出版社
University of Electronic Science and Technology of China Press
·成都·

图书在版编目(CIP)数据

E思E行. 2021 / 马琳慧主编. — 成都：电子科技大学出版社，2022.12
ISBN 978-7-5770-0005-3

Ⅰ. ①E… Ⅱ. ①马… Ⅲ. ①高等学校－学生生活－成都－文集 Ⅳ. ①G645.5-53

中国版本图书馆CIP数据核字（2022）第245087号

E思E行　2021
E SI E XING 2021

马琳慧　主编

策划编辑　杜　倩
责任编辑　黄杨杨

出版发行　电子科技大学出版社
　　　　　成都市一环路东一段159号电子信息产业大厦九楼　邮编　610051
主　　页　www.uestcp.com.cn
服务电话　028-83203399
邮购电话　028-83201495

印　　刷　成都市火炬印务有限公司
成品尺寸　210mm×285mm
印　　张　9.125
字　　数　170千字
版　　次　2022年12月第1版
印　　次　2022年12月第1次印刷
书　　号　ISBN 978-7-5770-0005-3
定　　价　98.00元

编委会

顾　问　李雪梅　樊　勇　王　勋　程钰间

主　编　马琳慧

副主编　翟与翕

编　委　秦艳芳　马俊建　潘　海　谢明东

李阳明　迟　旭　田雨桐　鞠　昀

郑也彬　付选熹

目录 Contents

Chapter One E思

【标杆·传承】

电子学院微波工程系研究生第六党支部入选教育部第二批全国高校“百个研究生样板党支部”创建名单 ……2

电子学院先进集体和优秀个人获学校“两优一先”表彰 ……3

【党史学习教育】传承成电红色基因，争做科技报国领跑者——电子学院举行“学党史、感党恩、争做新时代电子人”主题党日活动 ……7

【党史学习教育】电子学院赴渝举行“学党史、感党恩、争做新时代电子人”主题党日活动 ……11

【党史学习教育】三校三地三院系党建标杆共建暨“学党史、守初心、迎百年”主题党日活动 ……15

Chapter Two E研

【科研·迸发】

喜讯！电子学院1名教授、3名院友当选两院院士 ……20

祝贺！电子科技大学“80后”教授荣获IEEE杰出青年工程师奖

电子学院罗讯教授团队再次在国际固态电路会议（ISSCC）上发表论文 ……22

集成电路科学与工程获批一级学科博士授位点 ……25

首发影响因子突破25 国产期刊*InfoMat*表现亮眼 ……26

力量：高水平文章一览 ……29

Chapter Three E师

【凝心·聚力】

【团队专访】微纳世界，凝聚力量，不忘初心，强国有我…………34
【团队专访】先进半导体与集成微系统研究中心…………38
【教师专访】鲍景富：爱学生是一种天性…………42
【教师专访】钟洪声：教研路上的探索者，扶贫路上的发声人…………46
【教师专访】肖旭：初识，一定是热爱生活的人…………50

Chapter Four E赛

【突破·攀登】

电子学院研究生学科竞赛概况…………55
学院组织参与或承办的重要赛事简介…………59
优秀团队风采（2021年）…………65

Chapter Five E学

【榜样·传承】

【人物专访】杨超：不断求索…………74
【人物专访】杨秉正：“勤奋是天赋的催化剂”…………77
【国奖学生风采】…………80
【院友专访】卢国建的超越人生…………128

Chapter Six E行

【青春·力行】

电子学院研究生党员微党课培育…………132
沉浸自我的刮画之旅，感受生活的静谧之美…………134
“发扬中国‘芯’
——电子学院举办首届全国微电子行业研究生论坛”…………136

Chapter One 思

【标杆·传承】

01

电子学院微波工程系研究生第六党支部入选教育部第二批全国高校“百个研究生样板党支部”创建名单

电子科技大学电子科学与工程学院（示范性微电子学院），简称电子学院，微波工程系研究生第六党支部入选教育部第二批全国高校“百个研究生样板党支部”创建名单。

电子学院微波工程系研究生第六党支部合照

电子学院微波工程系研究生第六党支部以“全国党建工作标杆院系”为标准开展支部建设，依托A+学科平台和重点实验室开展科技创新，始终坚持“服务国家重大需求，把支部建设融入科研一线”，设立“党员先锋科研攻坚队”“党员科研服务站”“ESE科研进阶计划”，激发党员投身国防科技事业，把“强国行”实践在科研一线，把“报国志”树立在祖国最需要的地方，为国家通信和雷达领域输送了一大批拔尖创新人才。支部党员全部参与了重大科研项目，支部团队获省部级科技进步二等奖，“挑战杯”竞赛“揭榜挂帅”专项赛特等奖、一等奖各一项，中国大学生“年度人物”提名奖，支部连续7年获评学校“先进党支部”。

电子学院微波工程系研究生第六党支部活动照片

02

电子学院先进集体和优秀个人获学校“两优一先”表彰

为庆祝中国共产党成立100周年，表彰基层党组织的战斗堡垒作用和共产党员的先锋模范作用，落实立德树人根本任务，积极推动疫情防控、脱贫攻坚和学校“双一流”建设，电子科技大学于2021年6月30日举行“两优一先”表彰大会。电子学院微波工程系教工第二党支部、微电子与固体电子系教工第一党支部、钧业班党支部荣获“电子科技大学2020—2021年度先进基层党支部”称号，物理电子系教工第二党支部刘盛纲院士、微电子与固体电子系教工第二党支部杨青慧教授、微电子与固体电子系研究生第一党支部王杰军同学荣获“电子科技大学2020—2021年度优秀共产党员”称号，学院党委副书记徐岩同志荣获“电子科技大学2020—2021年度优秀党务工作者”称号。

微波工程系教工第二党支部将党建工作深度融合到教学、科研以及学科建设中，带领师

电子学院微波工程系教工第二党支部

生共同为国奉献。建立“研究所+高校教师+研究生+本科生”党支部共建模式，联合研究生、本科生党支部先后与中国电子科技集团第十四研究所的401党支部、航天504重点实验室党支部签署了联合共建协议。现有国家级人才3人，省部级人才2人。林先其教授新入选国家人才计划、四川省学术与技术带头人，获电子科技大学创新教学示范奖、研究生教学优秀奖；张波教授获国家优秀青年科学基金项目资助；“太赫兹×××成像技术”获国家技术发明二等奖；程钰间教授被评为电气与电子工程师协会（Institute of Electrical and Electronics Engineers，简称IEEE）*Antennas and Wireless Propagation Letters*（*APWL*）优秀副主编。电波传播与天线专业2020年入选国家级一流专业，支部教师指导学生获多项优秀论文奖。

电子学院微电子与固体电子系教工第一党支部

微电子与固体电子系教工第一党支部，作为学校第一批“对标争先”样板支部，瞄准国家战略需求，以党建引领科研攻关和人才培养。近五年，支部成员的研究成果获中国电子学会科学技术发明一等奖、四川省自然科学奖一等奖、四川省科技进步一等奖、国防技术发明二等奖等。在影响因子大于30的著名学术期刊、顶级国际会议国际电子元件会议（International Electron Devices Metting，简称IEDM）等发表论文，多名年轻教师入选博士后创新人才计划支持，多人获中国电子学会优秀博士论文。每年承担超过20门课程的教学，部分课程获教育部课程思政示范课、国家级线上一流本科课程、国家教学成果二等奖、校教学成果二等奖等多项奖励，指导的学生在各类竞赛中屡获佳绩。积极服务社会，扩大影响力，与中国电子科技集团公司第五十八所、中国振华电子集团有限公司、四川长虹电子控股集团有限公司等开展支部共建，积极服务社会，不断扩大影响力。

钧业班党支部以推动党建工作与人才培养互融互进为思路，开展“聚·星”建设计划，践行“聚是一团火，散作满天星”的支部建设理念。全年开展理论学习20次，完善“支部书记领学—理论专家导学—党员轮流讲学—寝室互助自学”的学习机制，党员骨干连续两年入选校本科生精品微党课讲师团。24名学生党员的奖学金获奖比例为100%，获得第六届全国“互联网+”大学生创新创业大赛银奖、全国大学生智能互联大赛华西赛区金奖、四川省电子设计竞赛二等奖等校级及以上竞赛奖励80余项。支部“党员在行动”参与率100%，与中国储备粮管理集团有限公司成都分公司支部结对共建，围绕德智体美劳开展主题党日活动，“成电青年，读懂中国——迎建党百年”红色实践获第十六届“挑战杯”四川省大学生课外学术科技作品竞赛红色专项活动二等奖。

● **校级优秀共产党员**

刘盛纲

刘盛纲，男，我国著名的物理电子学家，中国真空电子学的奠基人，被誉为“真空电子学之父”。他是坚定的马克思主义者，以报效祖国为自己一生之信念。

1956年，刘盛纲听从党的召唤来到艰苦的西部参与创建成都电讯工程学院（简称成电，现电子科技大学），从此便致力于中国电子信息领域的科学研究和人才培养。学校初建期，条件十分艰苦，他与学校共成长，奋发图强，在苏联专家离开后，使学校在国内学术界依然保持了很好的地位和影响力。担任电子科技大学校长期间，他带领全校师生成功申报一批国家重点学科，建立起一批国家重点实验室，并带领学校成为首批国家“211工程”大学，为学校的发展奠定了坚实基础。他培养了一大批电子信息领域的杰出人才，建立了太赫兹研究中心和太赫兹科学技术四川重点实验室，使电子科技大学逐渐成为国内太赫兹研究的核心引领单位。

刘盛纲是新中国培养出来的第一代杰出的物理电子学家。他成功研制了国内第一只回旋管，填补了我国在该领域的空白，并且这一成果的取得早于美国海军研究所（NRL）。他建立起了磁化等离子体波导中电磁波传播的严格理论，解决了磁化等离子体波导中色散曲线不连续的难题，这被公认为是相对论电子学的奠基性工作。他首创了电子学与光子学相结合的新型太赫兹辐射理论，被国际学术同行认为是革命性工作，同时，他是国际上第一个提出利用自由电子激发石墨烯来产生太赫兹辐射的科学家。刘盛纲于1980年当选为中国科学院学部委员，1999年获陈嘉庚信息科学奖，2000年和2001年成为诺贝尔奖物理学奖提名人，2003年获红外毫米波领域的国际最高奖——巴顿奖（K. J. Button Medal and Prize），2008年当选第六届中国科学院学部主席团成员。2016年，他又获得由国际红外毫米波太赫兹学会颁发的该领域最高奖——杰出贡献奖（Exceptional Service Award Winner Announced），成为我国第一位获该奖的学者。

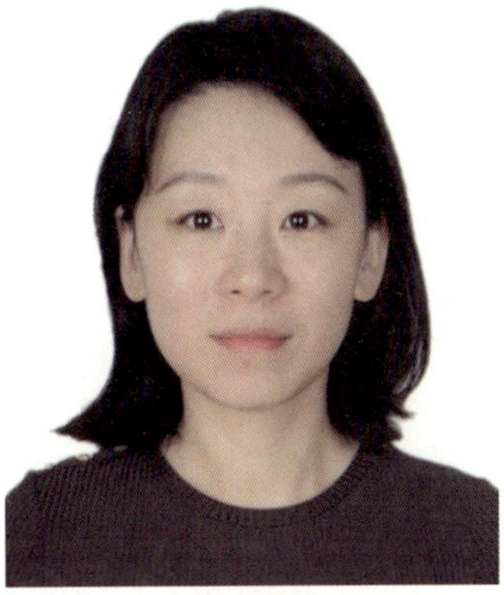
杨青慧

杨青慧，女，教工微电子与固体电子系党支部教师党员。该同志一直以优秀共产党员的标准严格要求自己，以立德树人为根本，以助力学科发展为己任。她关爱学生，培养学生的科研专注精神和创新能力，创造机会让学生参与科研任务，在此过程中塑造团队协作精神和荣誉感。她关心青年教师，鼓励协助他们参与团队科研和管理任务，将立德树人的精神代代传承。作为一名科研工作者，她专注于自己的研究方向，以解决国内电子材料与元器件中的“卡脖子”技术难题为个人的事业追求，近年实现了微波磁性单晶晶圆材料及器件应用技术水平的国际领先和磁光晶圆的国产化替代，一步一个脚印，踏实前进。过去的三年里，作为一名支部书记，她以支部为平台，推进校企之间合作，促进了校内成果转化和电子材料与元器件行业的发展。

王杰军，男，微电子与固体电子系研究生第一党支部学生党员。该同志博士在读期间，获得国家级和省部级奖励8项、校院级奖励和荣誉17项，各类奖学金12项。他敢挑重担，争做时代先锋，先后任学院学生科助理辅导员、IEEE学生分会轮值主席、麦克职业生涯规划俱乐部副主席、班级班长/副班长等职务，连续5年被评为“校优秀研究生干部”。在新冠肺炎疫情防控期间，他主动请缨，站岗地方疫情防控第一线。他勇于创新，专注科研攻坚，作为学生第一负责人参与国家级重点项目4项，在芯片散热领域实现了关键技术的重大突破，以第一作者发表SCI论文4篇、EI论文2篇，参加国际会议5次，其中3次作口头报告。所研器件性能优越，助力国家超高频相控雷达与5G通信发展。坚守科创梦，争做科创新青年，聚焦国家芯片领域发展，他先后二次创业，获得百万融资、上海市新锐企业奖、上海市大学生科技创业基金等。同时，不忘发挥党员的先锋模仿作用，带领团队攻坚克难，在“互联网+”“挑战杯”等多个创业竞赛中斩获国家级金奖1次、国家级银奖2次、省级金奖3次。

王杰军

- 校优秀党务工作者

徐岩，女，电子学院党委副书记。该同志始终不忘立德树人初心，牢记为党育人为国育才使命，获第十一届全国高校辅导员年度人物入围奖、四川省抗震救灾大学生志愿服务先进个人、校教学成果一等奖等。她以党建引领为核，铸魂育人，加强学生党支部建设，凝心聚力树标杆，学院本科生党员和党支部多次在校级评先评优活动中取得荣誉。通过“学—寻—听—读”四个版块全面加强党史学习教育，引导学生传承红色基因，激发爱国力行；策划“永远跟党走”党史学习教育片4期，在电子科技大学人民号、官方网站等平台播放，浏览量超4万次。以三全育人为基础，培厚土壤。构建全频谱菜单式学生发展指导体系，她帮助学生夯实学科特色“硬实力”，提升综合素质“软实力”。学院连续六年继续深造率超70%，连续三年荣获学校“学生工作先进集体”荣誉称号。以科技报国为魂，厚德强“芯”。牵头“厚德强‘芯’ 科研育人”项目，入选首批“一院一品”学生思想政治工作品牌精品项目。围绕“理想信念、素养涵育、科研赋能、实践力行”，构建“四大育人工程”。近五年，指导学生获得“创青春”全国大学生创业大赛金奖3项，获得中国“互联网+”大学生创新创业大赛总决赛金奖3项、银奖5项。

徐岩

03

【党史学习教育】传承成电红色基因，争做科技报国领跑者——电子学院举行“学党史、感党恩、争做新时代电子人”主题党日活动

这是一场“满聚爱国心、满怀报国情、满载强国志”的主题党日活动。

“作为一名共产党员，我时刻准备着到祖国最需要我的地方去！”当刘盛纲院士动情地讲述自己科研报国的故事时，全场爆发出热烈的掌声。

2021年10月28日，电子学院举行“学党史、感党恩、争做新时代电子人”主题党日活动，中国科学院院士、首批“全国高校黄大年式教师团队”负责人刘盛纲教授和团队教师代表、物理电子系教工第二党支部党员胡旻教授讲了《科研报国，不坠青云之志》的党史学习教育专题党课，师生代表通过访谈、主题分享等形式畅谈了学习习近平总书记给全国高校黄大年式教师团队代表重要回信精神的收获。

首批“全国高校黄大年式教师团队”负责人　刘盛纲院士

有着67年党龄、目前已经88岁的刘盛纲院士结合自身经历为师生们讲了党课。他说，1933年，自己出生于安徽肥东，卢沟桥事变发生后，国家战火纷飞，年幼的他不得不和家人踏上了逃难之路，目睹着祖国大地满目疮痍、哀鸿遍野。

“要想家安稳，先得国安稳，那时，在父亲的教导下，我便立志要投身科学事业，拯救祖国。”1953年，刘盛纲进入南京工学院（现东南大学），成为电真空器件专业的首届学生，并于1954年加入中国共产党，毕业后留校担任助教。刘盛纲有着坚定的信仰：“作为一名光荣的共产党员，我时刻准备着，到

祖国最需要我的地方去。”1956年，随着苏联专家列别捷夫来到成电后，刘盛纲从此扎根成电，矢志不渝，坚守着自己的初心与使命。

首批“全国高校黄大年式教师团队”代表　胡旻教授

作为刘盛纲的学生，胡旻教授介绍了恩师的科研经历和成果。他说，刘老师的科研之路不是一帆风顺的，也经历过困境，但即使在困难时期，他在山上放牛也不忘手中的书本。秉持着这样的信念，刘盛纲的勤奋刻苦终于迎来了春天。1978年，在聂荣臻元帅的支持下，刘盛纲创建了高能电子学研究所，研制出了回旋管、行波管等一系列国家急需的真空电子器件，为微波电子学领域培育和输送了一大批优秀人才。经历40余年的发展，高能电子学研究所已成为国际知名、国内最重要的真空电子器件研究中心。

进入新世纪，年逾古稀的刘盛纲马不停蹄，从零开始，投身我国太赫兹领域的发展，至今仍奋战在科研一线。

师生访谈

微波工程系教工第一党支部书记、首届优秀导学团队教师代表陈益凯教授所在的“电磁辐射与散射团队”是一个有着30多年发展历史的团队，团队教师长期以来秉承立德树人、严谨治学的优良传统，自觉当好学生成长的引路人，在培养社会主义事业建设者和接班人的征程上奋勇向前。团队创始人聂在平教授今年已经75岁，仍坚持在研究生培养一线，迄今为止已培养出100多位电磁场领域高级专业技术人才。

“我们始终自觉走在服务国家重大需求的最前线，坚持不懈地开展基础研究和工程应用研究。做学术研究一定要真正服务于技术进步，一定要解决国家战略发展道路上的拦路虎。这是工科教师的价值观，是我们一流工科学校的职责所在。”陈益凯说，“电子学院的老师们要继续学习弘扬黄大年同志的高尚品格，立足本职岗位，坚守为党育人、为国育才的初心使命，为民族复兴培养更多时代新人。”

物理电子系研究生第二党支部书记　刘宇博

首批黄大年式教师团队联建支部、物理电子系研究生第二党支部书记刘宇博同学分享了团队师生党支部的共建经验。他说，收到习近平总书记的回信后，支部第一时间就号召大家通过影像资料等多种方式学习黄大年先进事迹，同时组织了师生交流学习。刘盛纲院士还带领大家参观了学校“十三五”发展成果展，在团队荣获首批“全国高校黄大年式教师团队”的展板前，他对我们说：“荣誉是一时的，更重要的是以后要更加努力，把工作做得更好，做出更优异的成绩，为国家做出新的更大贡献。”支部师生都深受鼓舞。在刘院士的带领下，团队老师不但在科研上高标准、严要求，耐心帮助学生解决科研问题，也十分关心同学们的日常生活。师生党支部的共建形式也丰富多样，让大家切身感受到党和国家日新月异的变化。在新时代，我们要勇担历史责任，在太赫兹科学技术领域为国家做出新的更大贡献。

电子科技大学党委副书记　靳敏

“今年4月，我们揭榜了中电科29所（中国电子科技集团第二十九研究所）发布的‘挑战杯’竞赛题目。技术攻关的过程时而让人感觉枯燥无味、时而让人热血澎湃，这种高低起伏的心态持续了100多天，老师的悉心指导和心理安慰，是始终稳定和坚定我们攻坚克难的一颗定心丸。”第二批全国高校“百个研究生样板党支部”创建单位——微波系研究生第六党支部博士党员孙建旭分享了自己响应总书记号召，参与“揭榜挂帅”的经历。“最终的比赛成果获得了国内多个单位的认可与青睐。这次融入国家需求、解决‘卡脖子’技术问题的比赛经历，这种老师引导学生迎难而上、师兄指导师弟师妹共渡难关的故事，让我学会了科研上的精益求精与团队中的合作共赢精神。”孙建旭说，争做新时代电子人，首先应该做好自己的本职工作，为国家和社会解决难题，在今后的学习工作中再接再厉，继续揭榜挂帅、科研报国。作为百个研究生样板党支部的创建单位，还应该带动更多支部和党员，一起参与到个人和集体的成长过程中去，将积极向上的正能量辐射出去。

近两年，电子学院迎来了18名新进教师，他们中不乏受到黄大年先进事迹感召，毅然回国从事教学科研工作，励志科研报国的代表。

特聘研究员王成说，自己是今年2月加入电子学院这个大家庭的，从事集成电路相关的

“学党史，感党恩，争做新时代电子人”主题党日活动合照

研究工作。在高校黄大年式教师团队、优秀导学团队们先进事迹的激励下，新进教师们也在认真学习、努力奋进，当好学生成长的引路人。近年来，我国科技发展突飞猛进，于是王成选择回国，进入高校从事国家战略需求领域技术攻关。对于研究生导师这一身份，王成认为，研究生导师不仅是求学路上的领路人，更要成为研究生人生的导师，让同学们懂得工作背后承载的重要意义。

王成认为：“只有把自己的前途命运与国家的前途命运紧密联系在一起，奋斗才会有价值。在中华民族伟大复兴的征程上，教师要坚持把立德树人作为根本任务，在教学、育人和科研的路上，为全面建设社会主义现代化国家不断作出新贡献。”

活动最后，校党委副书记靳敏对本次主题党日活动作了总结。她讲到，刘院士和学院师生的专题党课以及主题分享令人备受感动和鼓舞，希望电子学院党员师生传承文化，做科技报国的先行者；立德树人，做科技报国的实践者；勇立潮头，做科技报国的领跑者。她表示，成电“为党育人、为国育才”的红色基因与生俱来，我们要以刘盛纲院士等老一辈成电人为榜样，筑牢思想根基，坚定理想信念，以高质量的党建引领事业高质量的发展。站在两个一百年的历史交汇点，立足“两个大局”，电子学院党委和党员师生要继续传承共产党员的初心和使命，争做新时代电子人。

本次主题党日活动由首批“全国高校黄大年式教师团队”所在的物理电子系教工第二党支部、研究生第二党支部，第二批“全国高校黄大年式教师团队”申报团队所在的微波工程系教工第一党支部和第二批全国高校“百个研究生样板党支部”创建单位——微波工程系研究生第六党支部联合发起。

学校党委组织部、宣传部、教工部、人力资源部教师发展中心和电子学院负责人，电子学院新进教师、师生党支部书记、研究生党建委员会、研究生会的师生代表出席现场，学院第68期入党积极分子和2021年第3期党员发展对象培训班647名学员线上参会。

04

【党史学习教育】电子学院赴渝举行“学党史、感党恩、争做新时代电子人”主题党日活动

为充分发挥好基层党组织的战斗堡垒作用和党员先锋模范作用，激励基层党组织和广大党员不忘初心、牢记使命，2021年10月16日—17日，电子学院组织近百名师生党员赴重庆，开展2021年新任党支部书记培训会暨“学党史、感党恩、争做新时代电子人”主题党日活动，扎实推进党史学习教育。通过上党课、基层党务工作培训、实地研学、学生党员风采展示等方式，教育引导师生学史明理、学史增信、学史崇德、学史力行。

电子学院新任党支部书记培训

学做结合，发扬红色传统

电子学院坚持将“学习”与“实践”作为新任党支部书记培训的两大抓手，学做结合，让学生党员骨干在学党史中自我成长，在办实事中自我管理、自我发展。“破冰”活动拉开了培训的序幕，由学院心理E站专业咨询师徐美勤带领47名学生党支部书记和36名微梦党建委员会骨干成员，分成若干小组，通过游戏和竞赛促进小组及成员之间相互合作、交流，迅速拉近了成员间的距离，凝聚了学生党员骨干队伍。

团建活动

“学党史”身先行。青年教师徐茂讲授了《信仰引领奋进人生》的专题党课，通过引用中共一大以来中国共产党党员坚持与奋斗的故事，勉励同学们坚定信仰、科研报国。徐美勤做了《学生党支部工作中的心理技巧与应用》专题培训，从团队破冰、团队建设、活动开展等方面给支部书记进行工作指导。眉山市彭山区人民政府办公室选调生邓亚平校友做《从党建活动中提振精气神》专题分享，讲述自身三年党务工作经历和党建活动实例，为支部书记策划党建活动做培训指导。系列培训带领党员骨干学党史、学经验、学技能，推动党史学习教育及党务技能培训。

“做党务”强本领。为考察锻炼新任党支部书记的党务工作实践能力，注重与理论培训相互呼应、深度结合，培训会以小组为单位开展了党建活动案例策划比赛。各小组以“学习习近平总书记‘七一’重要讲话精神”为主题进行了学习活动策划和小组学习，并以手抄报的形式在现场进行学习成果风采展示。各小组成员在准备期间积极商讨、默契配合、各尽所长，在现场“各显神通”，用形式创新、内容丰富的手抄报和绘声绘色的讲演进行展示。党建活动案例策划比赛以赛促学、以学促行，鼓励党员骨干学做结合，发扬红色传统。

党建活动案例策划比赛小组展示

深刻理解，传承红色基因

“传递微力量，成就大梦想”是微梦党建委员会的宗旨，是一届届微梦人的精神传承。微梦党建委员会书记刘译蔓带领全体成员进行了《我们的微梦》主题分享，向参会师生介绍了一年来学院党建工作的各项成果及新一届微梦党建委员会的基本架构和成员风采，微梦全体成员以原创舞台剧的形式诠释了对党建工作的热爱、对微梦红色基因的传承。

微梦党建委员会书记　刘译蔓

在微梦正能量风采展示环节，2021年荣获该奖项的五位代表进行了风采展示。电磁场与无线技术专业本科生党支部的廖瑞麟同学讲述了他带动大家帮助2名本科生成功保研的故事。微波工程系研究生第六党支部的游青同学，介绍了自己作为电子科技大学首届研究生支教团成员在康定进行的为期一年的扶贫支教，给孩子们撒下了知识的火种。微波工程系研究生第六党支部的孙建旭同学讲述了他带领团队迎难而上，挑战“卡脖子”技术难题，并成功夺得“挑战杯”全国大学生系列科技学术竞赛最高奖的故事。集成电路与系统系第七党支部的赖柏冲同学带来一曲《大鱼》竹笛演奏，诠释了音乐是他前进道路上的伙伴。微波工程系研究生第六党支部的郝瑞森同学，分享了他被“点亮”的德智体美劳全面发展的博士生活。

拼搏奉献、迎难克艰、争做先锋，是中国共产党党员自诞生以来就有的优秀品质，也是我们学党史所要领悟和传承的宝贵基因，五位代表身体力行向大家诠释了这些品质，并将各自的正能量辐射到广大同学中间。

学院党委书记李雪梅鼓励广大支部书记在支部内开展“走心党建”，向同学们提供展现自我的平台，同时号召全体支部书记多总结党务工作的经验教训，创新工作方法，用创新精神“点亮”党支部的生活。

学院党委书记　李雪梅

缅怀英烈，赓续红色血脉

2021年10月17日，学院师生党员赴渣滓洞、白公馆和红岩魂陈列馆、歌乐山烈士陵园进行红色教育实地研学。在讲解员的带领和讲解下，全体成员深入了解了“一一·二七”大屠杀，学习了英烈们在艰苦条件中与敌人斗争到底的英勇事迹。

缅怀先烈

师生党员怀着无比崇敬的心情步入歌乐山烈士陵园，在纪念碑前唱响国歌，于霏霏细雨中庄严肃立，向200多名为争取民族独立和人民解放而献出宝贵生命的革命先烈们默哀。面对鲜红的党旗，大家重温入党誓词，誓向革命先辈学习，为党的事业奋斗终身。

学生党员纷纷自发以“写给歌乐山的英魂”为主题与歌乐山的英烈们进行穿越时空的对话，将此行所学所感以文字的形式作了纪录与分享。物理电子系第七党支部支部书记徐晗松写道：“最令我印象深刻的是革命者们在狱中制作的五星红旗，这面五星红旗代表了革命先烈们坚定不移的意志，凝聚了革命先烈们为新中国奋斗牺牲的革命精神。”微固系十五党支部支部书记武毓赞叹道：“重庆是一座英雄的城市，先烈们是我们心中最可爱的人。你们的精神将辉煌不朽，万古长存！”微梦成员刘鑫芳在信中表达决心：“青山肃立，绿水长歌，我们将永远铭记和颂扬革命先烈的事迹，向你们学习，继承先烈的遗志，努力学习，发奋图强，为中华民族的崛起奉献一份力量！”在重庆研究院学习的10余位学生代表同全体成员一同参观旧址、分享感悟，大家纷纷表示，通过参观学习，更加坚定了作为共产党人的初心使命和作为成电儿女的科研报国之志。

活动合影

本次培训活动是电子学院加强学生党员党性教育的重要举措，带领新任党支部书记在探寻党史中回顾初心、坚定使命，让红色传统深植心底，让红色血脉迸发活力，是一次精神的回归，是一场心灵的洗礼，它有力推动了学生党员骨干在学史中明理、增信、崇德、力行。本次温故知新的精神之旅，将激励新时代电子人坚定前行，不断向前！

05

【党史学习教育】三校三地三院系党建标杆共建暨“学党史、守初心、迎百年”主题党日活动

在“两个一百年”奋斗目标历史交汇的关键节点、中国共产党建党百年之际，作为教育部首批“全国党建工作标杆院系”的电子科技大学电子科学与工程学院（示范性微电子学院）党委、清华大学电子工程系党委、浙江大学电气工程学院党委联合开展三校三地三院系标杆共建暨“学党史、守初心、迎百年”主题党日活动。三院系师生党员共同开展一次红色之旅，启动一项红色阅读、漂流一次红色笔记、同唱一首红色歌曲、共上一堂红色党课，以党建标杆引领各自学院发展，以思想共进与实际行动庆祝中国共产党百年华诞。

活动合影

献身科研筑基石，志在科技报国梦

2021年5月22日，三院系师生赴国防重点单位中国工程物理研究院应用电子学研究所（以下简称十所）实地研学，开展“青年与国家”主题座谈交流，传承科研报国精神，助力青年学子成长，培养家国情怀与责任担当。十所党委书记马弘舸、副所长唐淳及各科室主任出席活动。

在座谈交流中，十所的科研骨干向师生们介绍了十所在高新技术装备领域取得的成就以及为国家作出的重大贡献，号召广大青年科研工作者加入高新技术领域研究，“干国家急需的，干世界一流的，干别人干不出来的”，诠释“铸国防基石，做民族脊梁”的核心价值观。清华大学电子工程系党委副书记刘一民表示，清华大学电子工程系每年派出学生参加中国工程物理研究院的企业实践，鼓励同学们到国防重点单位，扎根科研一线为国防事业做贡献，学院将持续为社会输送人才。

在中国工程物理研究院科学技术馆内参观时，一张张图片、一件件模型与实物、一段段影像，带领三校师生穿越时光，重温中国核武器发展的艰辛历程。中国工程物理研究院老一辈科学家“爱国奉献、艰苦奋斗、求是创新、协同攻关、勇攀高峰”的“两弹精神”跨越历史，引领新时代青年一往无前，接续奋斗。

座谈交流

致敬先辈守初心，誓以自强谋复兴

为探寻支撑十所人中流击水、浪遏飞舟的原动力，三校师生前往中国工程物理研究院院部旧址——两弹城开展红色实践活动，探寻共产党人的初心。从“两弹城”历程馆到邓稼先院士旧居，“十年饮冰，难凉热血”，老一辈科学家为建设强大祖国艰苦奋斗的革命情怀与无私奉献的精神值得所有当代青年学习传承。在“两弹”元勋邓稼先故居的铜像前，三校师生唱响国歌，庄严地重温入党誓词，誓向革命先辈学习，为党的事业奋斗终身。师生们还向铜像敬献鲜花，以表达对“两弹”元勋们的无比崇敬和深切缅怀之情。

邓稼先故居缅怀仪式

“学党史、悟思想、办实事、开新局”党课

三校师生于会堂内共听由梓潼县委党校雍文康老师讲解的“学党史、悟思想、办实事、开新局”党课。同学们深深感悟，没有共产党就没有新中国，就没有社会主义中国，就没有中国特色社会主义，我们要坚定地拥护党的领导，努力实现中华民族的复兴梦！

电子学院谢倩老师分享道：“参观梓潼两弹城，实地学习新中国成立初期老一辈科学家在艰难的生活和科研环境下成功研制核弹和导弹的历程和精神，深受触动和鼓舞。印象最深的是那句‘回国不需要理由，不回国才需要理由’。作为科研工作者，我们要继续发扬‘两弹精神’、坚持创新、突破‘卡脖子’技术瓶颈，担负新时期新的责任和使命。”

共创共建同进步，牢记使命勇向前

作为教育部首批“全国党建工作标杆院系”，三校院系党委自2019年起就开展互访调研等交流活动。三校将思想价值引领贯穿于人才培养始终，切实将科研优势转化为育人优势，将党建工作和科研育人深度融合，肩负历史使命，面向世界科技前沿、国家重大需求，为解决电子信息领域“卡脖子”关键问题共同努力，真正发挥战斗堡垒作用。

本次共建通过“青年与国家”研学、“青年与党”座谈、“青年与活力”晚会三大主题活动，三校师生同向同行，深入交流学习了三方党建工作经验，加深了三校师生的友谊。

师生党员代表围绕“青年与党”主题，结合自身的经历和实际，就学习党史、当代青年的使命、支委会建设与文化传承和提升活动参与度、提升凝聚力与引导力等话题进行了广泛深入讨论。共创共建，取长补短，汇聚一流力量，为加强和改进三校基层党支部的建设提供了良好的平台，促进学生党支部担负职责与使命，让党的基层组织焕发出无限活力。

浙江大学电气工程学院吕金钊同学在学习笔记上写道：“从成都到绵阳，大家在参观学习中上了一堂生动的思政课。经过几天的活动，我对‘两弹一星’精神有了更透彻的理解，对老一辈科技工作者们隐姓埋名、无私奉献的爱国之情有了更深刻的感悟。生逢盛世，肩负重任，当下正值百年未有之大变局，作为青年学子的我们理应继承和发扬‘两弹一星’精神，锤炼品德，勇于创新。在攀登知识高峰中追求卓越，在肩负时代重任时行胜于言，在真刀真枪地实干中成就一番事业。”

通过两天一夜的三校三地三院系党建标杆共建暨“学党史、守初心、迎百年”主题党日活动，三校师生身临其境地感受了“两弹一星”精神，进一步明确了自己的责任，牢记科技报国初心，勇担科技强国使命，切实做到了学史明理、学史增信、学史崇德、学史力行，让红色历史融入中国青年的血脉，让红色精神赓续传承！

活动合影

Chapter Two

【科研·迸发】

01

喜讯！电子学院1名教授、3名院友当选两院院士

2021年11月18日，中国科学院、中国工程院公布了2021年院士增选结果。电子科技大学电子科学与工程学院（示范性微电子学院）邓龙江教授当选中国工程院院士，李陟、祝宁华两位院友当选中国科学院院士，吴剑旗院友当选中国工程院院士。

邓龙江教授当选中国工程院院士

邓龙江

邓龙江，男，教授，博士生导师，中共党员，1966年11月出生，四川安岳人。1983年就读于成都电讯工程学院磁性材料与器件专业本科，1990年电子科技大学研究生毕业后留校，一直从事电磁辐射控制材料与技术领域的科学研究和人才培养。现任国家电磁辐射控制材料工程技术研究中心主任，国家自然科学基金委创新研究群体项目负责人，兼任教育部等相关专业组专家，国务院学位委员会电子科学与技术学科评议组秘书长，是我国在该领域主要的学术带头人之一。带领团队在电磁辐射控制材料基础理论、制备技术、工程应用等方面开展了系统性研究，特别是在电磁辐射控制材料的“薄型化”和“超宽带”等方面取得重要进展，为我国在该领域关键技术的自主创新，保障国防安全，提升行业竞争力做出了突出贡献。邓龙江教授以第一完成人获得国家技术发明奖二等奖1项、国家科技进步奖二等奖2项，发表论文200余篇，获国家授权发明专利100余项。

李陟院友当选中国科学院院士

李陟

李陟，男，教授，中共党员，1961年9月出生，山西岚县人。1989年博士毕业于电子科技大学电磁场与微波技术专业，获工学博士学位。1990年4月参加工作，从事专业为导航、制导与控制。现任中国航天科工集团有限公司第二研究院科技委主任，型号总设计师。曾获国家科技进步奖一等奖、国防科技进步奖特等奖、国防技术发明二等奖、国防科技工业杰出人才奖、全国优秀科技工作者、何梁何利基金科学与技术进步奖、“国防科技重大突破专项奖”特等奖。2017年5月，获得全国创新争先奖。2020年11月，荣获“全国劳动模范”称号。

祝宁华院友当选中国科学院院士

祝宁华，男，研究员，博士生导师，中共党员，1959年12月出生，河南商城人。1981年毕业于成都电讯工程学院电真空器件专业，获学士学位；1986年毕业于成都电讯工程学院电磁场与微波技术专业，获硕士学位；1990年毕业于电子科技大学电磁场与微波技术专业，获工学博士学位。曾任中国科学院半导体研究所副所长，现任中国科学院雄安创新研究院院长，国家重点专项“光电子与微电子器件及集成”专家组组长，长期致力于微波光子器件与技术的研究。1998年获国家杰出青年科学基金资助，作为第一完成人获国家技术发明奖二等奖2项，以及中国科学院杰出科技成就奖（个人）和光华工程科技奖。

祝宁华

吴剑旗院友当选中国工程院院士

吴剑旗

吴剑旗，男，研究员，中共党员，1966年7月出生，四川宜宾人。1990年3月，毕业于电子科技大学电磁场与微波技术专业，获硕士学位；2018年6月，毕业于电子科技大学电子与信息专业，获博士学位。米波雷达技术专家，现任中国电子科技集团公司首席科学家。曾获国家科技进步奖一等奖1项、二等奖3项，获国防一、二等科学技术奖多项。获授权国防发明专利19项。2020年11月，荣获“全国先进工作者”称号。

向新当选两院院士的教授、院友们及其导师们表示热烈祝贺！

02

祝贺！电子科技大学“80后”教授荣获IEEE杰出青年工程师奖 电子学院罗讯教授团队再次在国际固态电路会议（ISSCC）上发表论文

2021年，电子学院电子薄膜与集成器件国家重点实验室罗讯教授被IEEE微波理论与技术学会（MTT-Society）授予IEEE杰出青年工程师奖（IEEE Outstanding Young Engineer Award）。

MTT-S MHz to THz Community　IEEE

IEEE微波理论与技术学会授予罗讯教授该奖项的理由为：在微波无源和集成电路领域以及在无线通信中的应用领域取得了杰出的早期职业成就。IEEE微波理论与技术学会杰出青年工程师奖设立于2001年，该奖每年遴选不超过4位获奖者（即工业界、学术界各不超过2人），旨在表彰取得了系列微波领域技术成就、学会模范服务的杰出青年，在业界享有盛誉。罗讯教授在电子科技大学先后取得学士和博士学位，曾任荷兰代尔夫特理工大学助理教授，华为技术有限公司项目经理、系统工程师。目前，罗讯教授已发表高水平论文100余篇，授权专利39项（含欧美专利20项），其中33项专利技术转产工业消费电子领域，含智能手机、汽车电子、基站网络等。2015年7月，罗讯教授在电子科技大学组建团队——先进半导体与集成微系统研究中心，并主持多项国家级重点科研项目，包括国家自然科学基金重点项目、国家重点研发计划等。带领团队获“成电教书育人优秀团队”和“电子科技大学研究生优秀导学团队”。罗讯教授及团队成员获30余项IEEE重要奖项，含IEEE Outstanding Young Engineer Award、IEEE MTT-Society Graduate Fellowship Award、IEEE SSC-Society Predoctoral Achievement Award、IEEE MTT-Society

Pregraduate/Undergraduate Scholarship Award（4人次）、IEEE RFIC、IMS等高水平国际会议最佳论文奖/设计竞赛奖20余项、中国电子学会集成电路奖学金（特等奖）、中国侨界贡献奖（创新成果）等。

罗讯教授现担任*IEEE Microwave and Wireless Components Letter*（*MWCL*）责任主编；*IET Microwaves*, *Antennas & Propagation* 副主编；IEEE微波理论与技术学会微波无源组件与传输线结构分委会（MTT-4）、滤波器分委会（MTT-5）、无线通信分委会（MTT-23）技术发展委员会委员。

2021年，在国家自然科学基金重点项目、青年项目的大力支持下，电子科技大学电子薄膜与集成器件国家重点实验室罗讯教授团队以第一单位在集成电路领域顶级会议——国际固态电路会议（IEEE International Solid-State Circuits Conference，简称ISSCC）上发表两篇论文，介绍了该团队在低相噪/高优值多核阵列振荡器芯片、深回退效率/高功率数字化正交功率放大器芯片领域的研究成果，此为罗讯教授团队连续第二年在ISSCC大会上发表论文。电子科技大学建校至今，以第一单位在ISSCC共发表7篇论文，其中罗讯教授团队发表3篇。

多频多制式无线传输系统是构建世界万物互联的关键，其广泛采用宽频信号生成阵列。这类架构面临着各子频率源间的相互干扰、振荡器间的互耦等问题，从而影响输出信号质量、频谱纯净度、频率覆盖范围。同时，多核架构会导致系统整体功耗大、性能优值低。因此，如何实现低相位噪声、高性能优值的宽频信号的生成，并建立相关设计理论与方法，成为新一代无线传输的关键挑战。针对该挑战，罗讯教授团队系统研究了多核阵列振荡器耦合机理，并建立了离散耦合与谐波阻抗扩展理论。离散耦合架构既能整合多核谐振器，实现芯片尺寸小型化，同时确保多核电流电压耦合方向，避免多模振荡并发现象。谐波阻抗扩展理论为宽频范围下振荡器频谱纯净度与性能优值的同时突破提供了理论指导。基于以上理论设计的多核振荡器在实现顶尖归一化相位噪声的同时，突破了多核振荡器性能优值业界记录。该工作基于国产硅基40-nm CMOS工艺研制，以“A 3.09-to-4.04GHz distributed-boosting and harmonic-impedance-expanding multi-core oscillator with -138.9dBc/Hz at 1MHz offset and 195.1dBc/Hz FoM”为题发表在2021年ISSCC大会上并作长文会议报告，论文第一作者为电子科技大学博士生舒一洋，通讯作者为罗讯教授。该论文入选该会议射频领域亮点技术，为2021年射频领域中国（含港澳台地区）唯一入选论文。

高能效高速率无线传输系统的研究目的是如何提升传送系统的数据传输速率和效率。现有发射系统重点关注对系统峰值效率的提升，但针对复杂的调制信号，传统传送系统整体效率并不高。因此，如何实现单传送系统的系统整体效率提升、传输数据率提升等，成为新一代传送系统研究的关键。针对传统发射机系统整体效率低、传输数据率低等问题，罗讯教授团队提出了浮空/开关电容型数字化正交发射机架构，分析了开关电容数字化功率放大器中电容浮空机理，建立了利用浮空电容降低直流功耗的设计方法，同时结合混合Doherty阻抗提升技术以及可重构自耦合抵消变压器技术，可有效追踪功率放大器回退时的最优负载阻抗，从而进一步提升系统整体效率。该工作基于国产硅基40-nm CMOS工艺研制，以“A watt-level quadrature switched/floated-capacitor power amplifier with back-off efficiency enhancement in complex domain using reconfigurable self-coupling canceling transformer”为题发表在2021年ISSCC大会上，并作长文会议报告，论文第一作者为电子科技大学博士生杨秉正，通讯作者为钱慧珍副教授、罗讯教授。

电子科技大学电子薄膜与集成器件国家重点实验室罗讯教授团队（ASIS & BEAM X-LAB）于2015年7月正式组建。成立至今，团队主持了近30项纵向/横向产学研用科研项目，含国家自然科学基金项目、国家高技术研究发展计划（863计划）等项目；团队培育出IEEE领域顶级期刊*MWCL*责任主编（亚洲首位）、IEEE Microwave Theory and Techniques Society（简称MTT）协会技术发展委员会委员（MTT-4、MTT-5、MTT-23等三个分委会委员）、IEEE International Microwave Symposium（简称IMS）技术委员会委员、IEEE Radio Frequency Integrated Circuits Symposium（简称RFIC）技术委员会委员、IEEE *ELECTRON DEVICE LETTERS*(*EDL*)期刊金牌审稿人等。团队现已在国际集成电路领域、国际微波/毫米波等领域顶级期刊（IEEE *JSSC*、IEEE *TMTT*、IEEE *MWCL*、IEEE *TCAS-I*、IEEE *EDL*等）、国际固态电路会议（ISSCC）、国际微波/毫米波等领域第一会议（IMS）、国际射频集成电路年会（RFIC）、国际定制集成电路会议（CICC）等发表收录百余篇高水平论文。现已授权37项国内外发明专利（含美国专利12项、欧洲专利6项、韩国专利2项），其中31项专利技术转产深圳市海思半导体有限公司等企业消费电子（含智能手机等）领域，并大规模商用量产，推动了国产先进射频工艺制程的发展与应用。团队培养的博士生、硕士生、本科生斩获了28项射频/微波/毫米波/太赫兹等领域的IEEE国际重要奖项。

相关介绍：国际固态电路会议（ISSCC）是国际集成电路领域的顶级会议，每年2月中旬在美国旧金山召开，是国际公认的规模最大、最权威的芯片设计领域学术会议，有着“芯片奥林匹克（Chip Olympic）”的美誉。历史上入选ISSCC的论文都代表着当前全球顶尖水平，展现出芯片技术和产业的发展趋势，许多集成电路领域里程碑式的发明与技术突破均在该会议首次发布。

03

集成电路科学与工程获批一级学科博士授位点

根据国务院学位委员会印发《关于下达2020年审核增列的博士、硕士学位授权点名单的通知》（学位〔2021〕14号）和《关于下达2020年审核增列的集成电路科学与工程一级学科学位授权点名单》（学位〔2021〕17号）等文件，电子科技大学新增一批博士、硕士学位授权点，其中“集成电路科学与工程”获一级学科博士学位授权点，成为全国首批获批“集成电路科学与工程”一级学科博士学位授权点的18所高校之一。

在2020年审核增列的学位授权点名单中，电子科技大学获批“集成电路科学与工程”“航空宇航科学与技术”和“公共管理”等3个一级学科博士学位授权点，获批“心理学”和“系统科学”等2个一级学科硕士学位授权点。

2020年审核增列的博士、硕士学位授权点名单（部分）

学位授权点类别	学位授权点名称
一级学科博士学位授权点	1401 集成电路科学与工程
	0825 航空宇航科学与技术
	1204 公共管理
一级学科硕士学位授权点	0402 心理学
	0711 系统科学

04

首发影响因子突破25 国产期刊*InfoMat*表现亮眼

2021年7月9日，科学网首页报道了电子科技大学和Wiley出版集团合作的高水平开放获取期刊*InfoMat*（《信息材料》）获得首个影响因子25.405并摘得国产材料期刊影响因子排名第一的情况。报道全文如下。

首发影响因子突破25 国产期刊*InfoMat*表现亮眼

2021年6月30日，科睿唯安（Clarivate）正式发布2021年科技期刊引证报告（Journal Citation Reports，JCR），电子科技大学和Wiley出版集团合作的高水平开放获取期刊*InfoMat*（《信息材料》）获得首个影响因子——25.405，摘得国产材料期刊影响因子排名第一的桂冠，跻身全球材料领域高影响因子期刊前列。

据悉，2021年JCR共收录了326本中国期刊，其中影响因子大于10的期刊20本，影响因子大于20的期刊仅4本。而创刊仅仅2年多的*InfoMat*，无疑是国产期刊中的新起之秀。

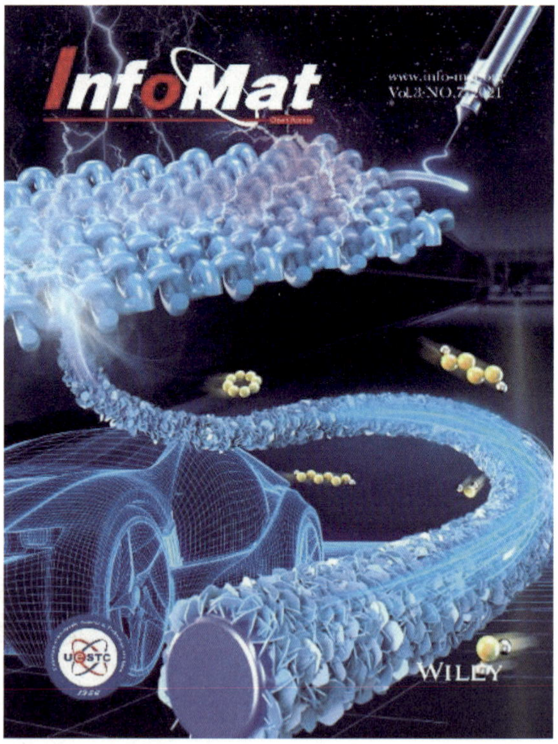

*InfoMat*封面

新起之秀

*InfoMat*于2019年正式创刊，由中国工程院院士李言荣担任主编，涵盖信息技术与材料、

物理、化学、能源、人工智能以及生物探测等新兴前沿交叉领域。

*InfoMat*为何能够异军突起？李言荣表示，“快速+高水平+高影响力”是*InfoMat*发展的关键：快速——平均7天以内完成稿件初审，23天以内给出第一个审稿决定，保证优秀工作的首发性和快速上线；高水平——建立和完善高标准的邀请机制和审稿要求，严格把控稿源质量；高影响力——顶尖的国际化学者编委团队梯队，保障高的国际学术影响力和全球传播力。

回顾这本年轻期刊的成长历程：2019年3月，*InfoMat*首篇论文上线；2019年6月被DOAJ数据库收录；2020年5月被ESCI数据库收录；2020年7月入选“中国科技期刊卓越行动计划高起点新刊”项目；2020年11月被SCIE数据库正式收录；2021年改为月刊，并组建了第一届青年编委团队。

正当其时

2019年8月，中国科协、中宣部、教育部、科技部联合印发了《关于深化改革培育世界一流科技期刊的意见》，提出“到2035年，我国科技期刊综合实力跃居世界第一方阵，建成一批具有国际竞争力的品牌期刊和若干出版集团，有效引领新兴交叉领域科技发展，科技评价的影响力和话语权明显提升，成为世界学术交流和科学文化传播的重要枢纽”的目标。

在国家政策的大力支持下，*InfoMat*应时而生。该期刊不仅具备了发展成为世界一流期刊的基本条件，更是中国科技期刊卓越行动计划建设成果的一个缩影。

*InfoMat*由电子科技大学主办，依托“电子薄膜与集成器件国家重点实验室”和A+学科“电子科学与技术”，拥有世界一流水平的优势学科和创新平台支撑。

当前，*InfoMat*期刊已经拥有由4位诺贝尔奖得主领衔的编委团队和具有国际视野的专业编辑团队。国际化、多层次的编委梯队为期刊提供了优质且充足的稿源、学术支撑和专家基础，保障期刊具有学术公信力和高质量的出版水平。

学术引领

截至目前，*InfoMat*已出版17期，发表论文158篇，其中15篇入选“领域中的高被引论文”，全球单月下载量已超过2.5万次，读者分布在美国、英国、德国、韩国和中国等60余个国家和地区，充分彰显了*InfoMat*的国际学术引领力。

此外，*InfoMat*成功打造了具有高影响力的学术传播交流品牌——*InfoMat*研讨会和国际学术会议、*InfoTalk*名师课堂、*InfoGuru*信息大师访谈等，吸引了全球20多个国家和地区超过20万学者进行线上线下交流。

未来，*InfoMat*期刊将充分发挥电子科技大学的学科优势和国际合作优势，联合顶尖的国际化编委团队，聚焦电子信息技术、材料科学及能源、人工智能、通信、生物探测等交叉领域，服务学科，创办在国际上有影响力的高水平期刊。

学术期刊是学术研究交流的重要平台，是促进理论创新和科技进步的重要力量。打造具有世界影响力的国际一流期刊，把优秀的研究工作留在祖国大地上，为提升国家科技话语权、增强国家科技实力贡献力量，是*InfoMat*不变的初心！

报道链接：http：//news.sciencenet.cn/htmlnews/2021/7/461009.shtm

05

力量：高水平文章一览

01 电子学院博士生受邀在 IEDM 2020 T-ED Special Issue 发表文章

功率集成技术实验室（PITEL）博士生袁章亦安受微电子器件领域顶级会议 IEEE 国际电子器件会议（IEDM）程序委员会主席 Tibor Grasser 邀请，在 IEDM 2020 T-ED Special Issue 上发表题为“Improved Model on Buried-Oxide Damage Induced by Total-Ionizing-Dose Effect for HV SOI LDMOS”的论文，并获全额资助。博士生袁章亦安为论文第一作者，乔明教授和张波教授为论文共同通讯作者。

02 电子学院自旋电子学理论研究所在 *Physics Reports* 发表长篇综述——经典磁性系统中的拓扑绝缘体和半金属

电子薄膜与集成器件国家重点实验室严鹏教授课题组在物理学顶尖综述期刊 *Physics Reports* 上在线发表长篇综述文章“Topological Insulators and Semimetals in Classical Magnetic Systems”。李志雄博士为该论文的第一作者，严鹏教授为通讯作者，曹云姗副教授参与了指导。

03 电子学院一年级硕士生在 *ACS Nano* 发表太赫兹吸收和屏蔽材料研究论文

电子学院 2020 级硕士研究生万胡杰同学，作为第一作者在国际著名期刊 *ACS Nano* 上发表题为“Substrate-Independent Ti3C2Tx MXene Waterborne Paint for Terahertz Absorption and Shielding”的最新研究论文。文岐业教授和肖旭研究员为论文的共同通讯作者，电子科技大学电子科学与工程学院为论文第一作者单位和第一通信作者单位。*ACS Nano* 是材料领域国际顶级学术期刊，2020 年最新影响因子为 15.881。

04 张波教授团队研究生荣获ICREED-2021会议最佳报告奖

近日，第四届电子元器件辐射效应国际会议（ICREED-2021）在中国西安召开。电子科技大学功率集成技术实验室张波教授团队的博士研究生王睿迪和硕士研究生耿立明分别作了“SEB Effect of Small Cell Pitch Super Junction VDMOS：Hardening Degradation and Optimization”和“Investigation on Total-Ionizing-Dose Radiation Response for 700V Double-RESURF SOI-LDMOS”口头报告，两人同时荣获BEST ORAL PRESENTATION AWARD，其中王睿迪是第二次荣获该奖项。王睿迪和耿立明分别为两篇论文的第一作者，两篇论文的通讯作者分别为乔明教授、周锌副研究员。同时，实验室与北京微电子研究所、中国运载火箭技术研究院合作发表的研究论文还荣获BEST POSTER PRESENTATION AWARD。

05 严鹏教授课题组在*Physical Review Letters*发表重要研究成果

电子薄膜与集成器件国家重点实验室严鹏教授课题组在自旋电子学领域取得重要研究进展。他们与荷兰物理学家合作，发现了自旋波和磁性斯格明子之间非线性散射产生的一种新奇的频率梳现象，他们的理论揭示了3-磁振子过程对磁频梳形成的决定性作用。该研究成果以“Magnonic Frequency Comb through Nonlinear Magnon-Skyrmion Scattering”为题，发表在*Physical Review Letters*上。电子科大为该论文第一完成单位，严鹏教授为通讯作者。电子学院王振宇博士和荷兰乌得勒支大学袁怀洋博士为共同第一作者。电子学院曹云姗副教授、李志雄博士和乌得勒支大学Rembert Duine教授参与了该工作。

06 电子学院博士生在电子器件领域顶级期刊IEEE *Electron Device Letters*上发表论文

蒙林教授团队（高功率微波团队）在电子器件领域顶级期刊IEEE *Electron Device Letters*上发表了题为“High-Efficiency Phase-locking of Millimeter-Wave Magnetron for High-Power Array Applications”的学术论文。在新体制高功率微波技术的基础研究方面取得重大突破，在国际上首次提出了基于磁控管的高效锁频锁机理，为实现大规模的阵列化应用奠定了理论基础，极大程度地拓展了电真空器件的应用领域。蒙林教授团队宋岷生博士生为论文第一作者，殷勇教授为论文通讯作者，电子科技大学为论文唯一署名单位。

07 成电学子再次包揽IEEE微波理论与技术学会博士生、硕士生/本科生最高荣誉

电子薄膜与集成器件国家重点实验室罗讯教授团队（先进半导体与集成微系统研究中心）学生杨秉正、韩畅轩、唐得山分别获得2021年IEEE MTT-Society Graduate Fellowship Award、2021年IEEE MTT-Society Undergraduate Scholarship Award（Cycle I、Cycle II）。这两项重要奖项分别为IEEE国际微波理论与技术学会

（MTT-Society）授予博士生、硕士生/本科生的最高荣誉。

08 电子学院博士生在 *Advanced Materials* 发表研究性论文

电子学院2019级博士研究生程蕾在材料学国际顶级期刊 *Advanced Materials* 上发表题为“Dual-Single-Atom Tailoring with Bifunctional Integration for High-Performance CO2 Photoreduction”的研究性论文。程蕾为该论文的第一作者，其导师向全军教授为唯一通讯作者，电子科技大学电子薄膜与集成器件国家重点实验室为第一作者单位。

09 电子学院博士研究生获IEEE MTT-S国际微波研讨会系列–应用于射频及太赫兹的先进材料和工艺最佳学生论文奖

由新加坡国立大学重庆研究院主办的2021 IEEE MTT-S International Microwave Workshop Series on Advanced Materials and Processes for RF and THz Applications（简称 IMWS-AMP 2021）国际研讨会于2021年11月15日—17日在重庆成功召开。在樊勇教授、程钰间教授的指导下，电子学院2018级博士研究生谢恒的论文“A Ka-Band Watt-Level Hgh-Efficiency Intergrated Doherty Power Amplifier in GaAs Technology”入选学生最佳论文竞赛Best Student Paper Awards决赛，并荣获最佳学生论文奖。

10 电子学院3名博士研究生获IEEE天线与传播国际会议（AP-S）及无级电科学联盟会议（URSI）优秀论文奖

2021年IEEE天线与传播国际会议（AP-S）及无线电科学联盟会议（URSI）于12月4日—10日在新加坡滨海湾金沙酒店成功举办。“毫米波技术与系统应用”实验室2018级博士研究生丁嫣然在导师程钰间教授的指导下作了课题为“Ku/Ka Wide-Band Dual-Band Dual-Polarized Shared-Aperture Phased Array Antenna with High Aperture Efficiency”的报告，并荣获Finalist奖。该实验室2018级博士研究生林宏声、2021级博士研究生孙建旭在导师程钰间教授的指导下分别作了课题为“Synthesis of Wide-Angle Difference Pattern with Low Side-lobe Level on Asymmetric Aperture of Hemispherical Conformal Array Antennas”和“A W-band, Microfabricated, Tiled Phased Array Realized by Bricked Tapered Slot Antenna Element”的报告，并荣获Honorable Mention奖。

11 电子学院吴亚飞博士学位论文入选中国电子教育学会优秀博士学位论文

中国电子教育学会公布2021年度优秀博士学位论文评选结果，电子学院博士毕业生吴亚飞的论文《毫米波天线阵近场电磁波的汇聚与调控研究》入选优秀博士学位论文（全国共20篇），指导教师为程钰间教授。

Chapter Three E师

【凝心·聚力】

01

【团队专访】
微纳世界，凝聚力量，不忘初心，强国有我

微波电路与微系统集成团队（IML）自诞生初始，每一位IML人都秉持着精益求精，刨根问底，直面问题与挑战的态度，沉淀了团队浓厚的科研文化底蕴。新一代年轻学者与学子的加入，为团队注入了崭新的活力。团队充分调动学生的主观能动性，使团队内思想碰撞活跃、学术气氛浓郁，善于主动创新。正是如此，团队在长期保持稳定的研究方向的同时，能够面对多学科交融带来的新机遇和新挑战，发展新方向。

团队合影

多年来，团队致力于对微纳集成电路、智能微纳器件、多传感融合系统等多元化领域的探索和研究，涉及微波电路、射频集成、微纳机电、微纳能源、微纳传感等细分方向。在面向物联网发展瓶颈的重要前沿方向上开展了深入的研究工作，研究成果包括应用于射频微波集成系统的多款新型MEMS芯片（谐振器、开关、滤波器、移相器等）、走路就可以驱动的RFID标签微系统、穿戴式多参量感知的柔性电子器件、手指敲击就能点亮的OLED屏等。围绕上述研究内容，团队承担了包括国家自然科学基金、创新特区重点项目、四川省科技厅重大重点项目等在内的一大批国家级、省部级重要科研项目。近五年发表重要期刊论文60余篇，高水平学术会议报告30余次，授权国家发明专利30余项。此外，团队关注科研成果与经济社会需求之间的转化，与国内多家领军电子企业进行联合技术开发，承担多项重点研发项目。

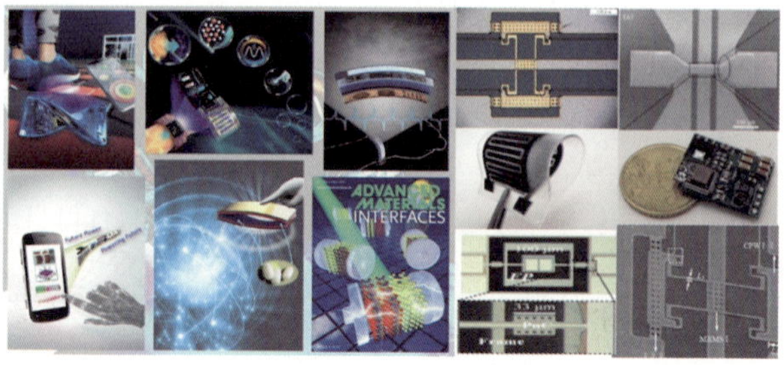

成果一览

团队不仅在科学研究上取得不凡的成绩，在团队的建设中同样硕果累累。近两年，团队获得的荣誉包括“2020年度成电国际合作与国际教育先进团队”“2021年度四川省青年科技创新研究团队”“2021年度电子学院队伍建设奖”“2021年度研究生优秀导学团队提名奖”等。

团队取得的成绩离不开每一位成员的贡献与付出。个人的成长与团队的发展相辅相成、息息相关。因此，学生的成长是团队关注的第一要素，团队对不同知识背景的学生因材而施教。对于“科研大佬”——有科研基础或经历的学生，团队提供完备的微纳精细加工平台以及充足的经费支持每一个新颖的科研思路，提供思想碰撞与交流的平台，促进创新火花的迸发；对于“科研小白”——缺乏科研经验的学生，团队会根据具体情况而制订相应的帮扶措施，确保科研能够有效有序地进行，并更好地促进学生的综合发展。通过师生茶话会与一对一研讨会，根据学生的研究兴趣进行方向预选，开展高年级指导低年级的学习方式，双向带动学生的科研兴趣与能力，既帮助高年级学生夯实基础、查漏补缺，也为低年级研究生开展科研与学习提供了便利的途径。

现就职于上海海思技术有限公司的2017级硕士生陈英兰在毕业时回顾自己在团队生活的三年时说：“初入团队的时候，因为英文比较差，对我来说阅读外文文献就是一座大山，读一篇七八页的英文文章都要好几天，导致科研工作开展困难。得益于团队每周一次的文献阅读报告和采用英文汇报形式的组会，以及老师的鼓励，使我正视困难，顺利积累文献阅读量，让科研工作逐渐走上正轨。老师总是鼓励我们勇于尝试勇于创新，在攻读硕士期间，我以第一作者在纳米科学领域重要期刊*Nano Energy*（2021年影响因子17.881）上发表了1篇学术论文，并授权国家发明专利1项，登记软件著作权1项。在老师的耐心指导下，我在科研和学业上进步了很多，还能够用英语流利地进行工作报告，并在研三的时候获得了国家奖学金，取得了‘四川省优秀毕业生’的荣誉，顺利毕业。”

学术不是闭门造车，交流是思维火花碰撞的重要媒介。团队不仅注重学生科研能力的培养，更注重学生学术交流与汇报的能力。每周团队开展大、小组会，让学生分享自己的科研过程、取得的进展以及遇到的问题。每一个人都可以提出自己的意见与问题，正如张晓升老师说的“每一位同学都应该踊跃提问，问心中所惑，说心中所想，不要害怕问题浅显而不敢开口，任何一个问题都有可能是思维爆发的开端，也不要害怕问题尖锐而不敢质疑，求同存异才是交流的目的。组会从来不是老师的一言堂，也不是报告人的单方面的输出，只有敢于质疑才能从交流中收获与成长”。

此外，团队每年坚持举办“微纳之星”青年学术交流会，邀请国内外优秀青年学者来校报告交流，形成了师生零距离互动交流的品牌效应，为师生们提供了更为广阔的交流平台，在这里可以与来自世界各地的青年科学家交流讨论，既促进了学科交叉融合，也激发了学生的创新思维。

对外交流

读万卷书，行万里路，IML想要的不仅仅是“迎进来”，更要“走出去”。团队致力于让每一位同学都有机会参加国际会议进行学术的交流与思维的碰撞。团队对于在读研究生，无论是博士研究生还是硕士研究生，均提供了资助参与国际学术会议交流的机会，使同学们在国际化的平台上展现自我、交流碰撞、开阔眼界、不断成长。

科研是学生生活的重要组成部分，但不是IML学子生活的全部。团队坚持德智体美劳全面发展，鼓励学生培养多方面的兴趣爱好，不光要成为科研的“巨人”，也要成为生活的“巨人”。团队2018级博士研究生文丹良便是这方面的典范，在学习科研上，他以第一作者发表期刊论文5篇，多次参与领域内顶级国际会议，并连续两年取得国家奖学金，荣获“2021年度卢嘉锡优秀研究生”奖。在学习科研之余，他还担任学生党支部纪检委员，推动支部获得“优秀支部”称号，在实验室中协助导师完成各项工作，帮助师弟师妹解决问题，是师弟师妹眼里的学习典范，是当之无愧的大师兄。而作为后起之秀的2020级硕士研究生崔进京则很好地延续了全面发展的传统，在学习上，他第一学年便以专业第一的成绩荣获国家奖学金，在科研项目上取得阶段性成果，发表期刊论文，参加国际会议。他还担任了班

学生交流一览

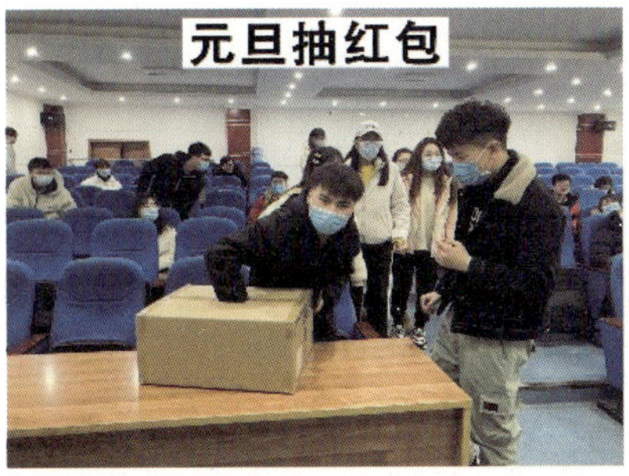

团队团建活动

级的副班长、学生党支部的支部书记、IEEE学生分会宣传部副部长，并在第六届研究生主持礼仪大赛中获得亚军。做到了“科研与兴趣齐飞，工作共生活一色”。

此外，团队也会出资开展多种形式的活动丰富同学们的日常生活，凝聚团队力量。比如端午节吃粽子、中秋节吃月饼、元旦节抽红包奖品；每年十二月的团队庆生活动，大家一起吃蛋糕，还有能歌善舞的同学准备节目；每周都有的羽毛球和乒乓球活动，还增进了师生情谊和同学情谊。除了日常的活动以外，最令人期待的就是春游和秋游，每年的清明节和国庆节前后，团队老师都会组织同学一起去成都周边景区进行团建，比如天台山、青城山、毕棚沟等。在游玩过程中同学之间变得更加熟络，师生也能打成一片，减少了隔阂。

从春林初盛到冬雪皑皑，从天台到青城，从火锅到烧烤，历经城市繁华，也瞥见雪山巍峨，IML课题组沿着四季，赏过青山明秀，品过川香美肴，看过十里桃花，听过古典优雅。

“研娱并蒂”是IML生活的真实写照，也是团队独特的育人方式。科研方面，我们有IEEE Fellow、国家级青年人才等组成的专家级师资护航；交流方面，我们有来自世界各地的学者畅聊；游戏方面，我们有驰骋峡谷的王者、穿越战场的王牌；游玩方面，我们有专属旅游套餐，心之所向，身之所往，更有专业摄影师为大家记录美好瞬间。愿每一位学子都怀着满腔热血与赤诚来到微波电路与微系统集成团队，也能在离去时收获成长与美好的回忆，不负韶华。

02

【团队专访】先进半导体与集成微系统研究中心

从无到有→优秀团队

2015年，怀着对祖国的热爱和为国家培养集成电路人才的使命，罗讯教授辞去国际微电子领域顶级名校荷兰代尔夫特理工大学助理教授的职位，全职加入电子科技大学，组建了大数据通信集成电路实验室。

团队建设初期仅有5人。为了节省有限的科研办公经费，保证学生能够拥有良好的科研学习环境，大到实验设备的购置安装、小到学生工位的挑选布置，罗老师亲力亲为、事无巨细。为了建立优秀的科研学术氛围，罗老师早出晚归，悉心指导每一位学生。在“诚信、团队、责任、创新、精益求精”的团队精神下，团队刚建立的半年内，罗讯教授团队所指导的本科生即作为第一作者发表了多篇学术论文。经过6年多的建设，大数据通信集成电路实验室现已发展成先进半导体与集成微系统研究中心，包含三个实验室，即大数据电子与先进微系统实验室（BEAM X-LAB）、前沿集成电路技术实验室（FIT C-LAB）、先进集成微器件实验室（AIM T-LAB）。团队现有教授1名、研究员1名、副教授5名、博士后2名、技术员2名，博士生、硕士生、本科生等近百人。

团队研究基础雄厚、学术气氛活跃、国际交流广泛。近5年，团队老师主持了30余项纵向/横向科研项目、项目经费近亿元，包含国家重点基础研究项目（技术首席）、国家重点研发计划重点专项、国家自然科学基金重点项目、国家自然科学基金国际（地区）合作研究项目等国家高层次科研项目以及华为海思半导体合作研发重点项目等。因在教书育人上的突出贡献，先进半导体与集成微系统研究中心在罗讯教授的带领下，于2021年被同时授予“成电教书育人优秀团队”“电子科技大学研究生优秀导学团队”。

团队教师合影

新生花蕾→国际绽放

优秀的学术氛围促进了顶尖的科研成果的产出。先进半导体与集成微系统研究中心面向国家重大战略需求、国际科技前沿和国民经济主战场，针对集成电路与微系统、5G+/6G无线传输、智慧城市等新一代应用及工程科学难题，开展数字射频/微波/毫米波/太赫兹混合信号集成电路与系统、新工艺融合ESD封装、化合物半导体/MEMS器件的创新研究与应用。自2015年成立以来，以电子科技大学为唯一和第一单位，团队在IEEE *JSSC*、*TMTT*、*EDL*、*MWCL*、*TCAS-I*等权威期刊，以及IEEE ISSCC、IMS、RFIC、CICC等国际标志性会议上发表高水平论文百余篇。2021年，先进半导体与集成微系统研究中心以电子科技大学为唯一和第一单位正式刊登发表6篇国际集成电路领域权威期刊JSSC论文，与美国佐治亚理工学院Hua Wang教授团队、荷兰代尔夫特理工大学Kofi Makinwa教授团队等并列国际同年正式刊登发表JSSC论文最多的独立团队。授权国内外专利50余项，含欧美专利22项，其中39项授权专利转产华为海思等企业，大规模应用于智能手机、通信回传、汽车电子等消费电子领域，产值过亿美元。多项技术基于国产28nm、40nm CMOS射频工艺进行迭代研发，支撑并推动了国产先进射频工艺模型库在微波/毫米波/太赫兹频段的发展与应用，实现了大规模商业化量产。

团队培育出IEEE领域顶级刊物*MWCL*首位责任主编、IEEE MTT学会技术发展委员会委员（MTT-4微波无源组件与传输线结构、MTT-5滤波器、MTT-23无线通信等三个分委会委员）、IEEE *RFIC*技术委员会委员、IEEE *IMS*技术委员会委员、IEEE *EDL*金牌审稿人等。

2021年，团队负责人罗讯教授，因在微波无源和集成电路领域以及在无线通信中的应用领域取得了杰出的早期职业成就，被IEEE微波理论与技术学会授予IEEE杰出青年工程师奖。

团队师生合影（BEAM　X-LAB）

建队五人→群星灿烂

团队自建立以来，一直重视人才培养。结

合学校、学院的创新创业项目，让更多的本科同学，提前进入实验室，接触学科前沿，了解实际问题，并且通过对课题项目的研究，参加IEEE学生设计竞赛，锻炼对问题的分析、解决能力。团队邓至贤同学，大二即战胜美国普渡大学等高年级博士生，获得国际微波/毫米波领域权威会议2017年IEEE IMS学生设计竞赛奖冠军（IMS首位本科生冠军），并受邀发表论文。邓至贤大三和大四时分别作为第一作者在国际电路与系统权威期刊上发表论文。团队唐得山同学，大二时作为第一作者发表论文，并入选2020年IEEE IMS最佳学生论文奖Finalist、先进应用论文奖Finalist（IMS首位本科生入选该会议论文奖Finalist）。唐得山大三时作为第一作者发表国际微波领域权威期刊IEEE *TMTT*、*MWCL*，获得IEEE MTT学会Undergraduate Scholarship Award。

团队学术研讨

针对研究生的教育方式则主要是培养研究能力，在给定一个大方向的前提下，让研究生自主地学习、研究、创新和解决问题。团队执行弹性工作制，针对学生的个人实际情况和科研任务制订因材施教的研究计划。2015年至今，团队学生共获得50余项国内外重要奖项（其中IEEE国际重要奖项37项）。包括：国际微波/毫米波/太赫兹领域博士生最高荣誉IEEE MTT学会Graduate Fellowship Award 4人（含中国首位；2006年设立至今，我国含港澳台地区仅7位获奖者）；国际集成电路领域博士生最高荣誉IEEE SSC学会Predoctoral Achievement Award 2人（1983年设立至今，我国大陆地区仅3位获奖者）；国际微波/毫米波/太赫兹领域硕士生/本科生最高荣誉IEEE MTT-Society Undergraduate/Pre-Graduate Scholarship Award 4人（全球每年不到10位获奖者）；IEEE RFIC、IMS、CICC等学生论文奖21项、设计竞赛奖5项等；中国电子学会集成电路奖学金特等奖（每年全国仅6人）；中国国际“互联网+”大学生创新创业大赛银奖；成电杰出学生（3人）、电子科技大学年度十大人物（个人2次、团体1次）等。

团队毕业生大多数就职于华为技术有限公司、中兴通信有限公司、中国工程物理研究院、中电集团等；部分硕士、学士加入荷兰代尔夫特理工大学、比利时鲁汶大学等国际名校继续深造；部分博士进入“双一流”、985高校任教，传承教书育人。

砥砺前行→再创辉煌

师生一心、风雨同舟，努力拼搏、不负韶华。针对国家亟须解决的集成电路“卡脖子”问题，团队将继续鼓励学生大胆创新、培养学生独立思考、引导学生开拓创新、鼓励学生挑战权威，抓住问题关键，挑战难题，从创新意识、创新精神和创新能力等方面不断提高学生的创新素质。团队将继续为更多的学生提供学习交流的科研平台，为学生创造良好的发展机会，使他们在日新月异的科技发展中拥有更为广阔的视野，让他们走向行业顶端、走向世界！

海滩团建

生日聚会

03

【教师专访】
鲍景富：爱学生是一种天性

他曾在国际最大的消费类电子企业日本索尼集团公司工作，他与现在世界一流的企业华为技术有限公司长期合作，更与声学滤波器行业中的一流科学家有着深厚的个人友谊，他也是数百名学子的科研引路人，他就是电子科技大学电子科学与工程学院（示范性微电子学院）鲍景富教授。

鲍景富教授与学生交流

人物介绍

鲍景富，中国电子学会电路与系统专业委员会委员，《电子与信息学报》编委，中国电子学会高级会员，IEEE高级会员。于1998年4月至2004年12月在日本东京工作，开展3G移动通信、Wi-Fi、Bluetooth等研究。2021年作为指导教师带领学生团队在第七届中国国际“互联网+”大学生创新创业大赛全国总决赛中荣获高教主赛道本科生创意组金奖，指导学生在第十四届全国大学生创新创业年会上荣获优秀学术论文奖。鲍景富教授团队获国家自然科学基金项目资助2项，预研项目2项，横向项目10余项。

走出成电，远赴日本

鲍景富在电子科技大学完成本科、硕士和博士学业之后，前往日本工作。在毫无日语基础的情况下，刚到日本的日子显得尤其艰难，好在大街小巷的标识里也都有汉语的影子，凭借过硬的专业技术，鲍景富首先在一家日本的创新型企业任正社员。他在当地买了几卷磁带和一个随身听，在空余时间总是一遍又一遍地听磁带，虽然刚开始一句也听不懂，可时间长了，却从中听出了日语里那一种独特的语气语调。然后每天对着电视，配合着新闻影像和主持人的话语去一遍遍熟悉，在天气预报里听反复出现的词汇。靠着这样的苦功，鲍景富不仅很快能听懂日语，还能用流畅的日语与当地研究员交流学术工作。凭借出色的工作表现，鲍景富顺利转职到了日本索尼集团公司本部工作，负责手机前端所用的蓝牙、Wi-Fi芯片与低功耗小模块等的研发。

鲍景富教授在日本

八年时间，鲍景富在实验室潜心研究，设计出在多种环境下均适配的设备，在行业内与

鲍景富教授与时任千叶大学电子系教授桥本研也

同事同甘共苦，勇担主力，受到众人尊敬。凭借过硬的专业技术与谦和的个人品格，鲍景富和国际上顶尖的集成电路专业科学家、时任千叶大学电子系教授的桥本研也结下了深厚的友谊。

“旅行的大巴总有返回的时候”

2004年，基于骨子里的家国情怀和对国内行业发展的看好，鲍景富做出了回国的重要决定。“如果说把出国的经历比作出游的大巴，那么这大巴终究是要返回的。”鲍景富说道。2004年末鲍景富离开日本，回到母校任教。回到电子科技大学后，鲍景富继续在自己的研究领域深耕，同时与华为等企业建立了长期合作关系，为我国的芯片发展贡献力量。

为了拓宽学生的行业视野，鲍景富多次邀请桥本研也教授与教研室的同学们在线交流，并邀请桥本教授来到中国进行访问和讲学。回忆到这件事情，鲍景富说：“因为在射频声表面波器件研究领域取得的诸多成就，当时全世界想要邀请桥本教授的人很多，与他20年的交情让我笃信，如果我邀请，桥本教授一定会选择来这里。”2018年，鲍景富在写给桥本教授的邀请信中简单自然地写道，“等你退休以后，愿不愿意和我一起干？”而桥本教授的回复也很直白，“只要您邀请，我就会过来！”2021年，桥本教授以全职引进的方式担任电子科技大学电子学院教授。

在线交流讨论会

进一寸有一寸的欢喜

从2008年开始，鲍景富指导多个团队参加各个电子类高水准竞赛。鲍景富指出，“教师在竞赛的过程中主要是对整个选题的立意进行思想指导，同时针对一些较高难度的知识，引导学生做到融会贯通。”谈及获奖最多的大学生创新创业大赛，鲍景富表示，他鼓励同学们积极参加，在参赛过程中去积极地了解行业前沿，一方面培养眼光的前瞻性，另一方面去积累专业知识。知识无所谓好坏，只有新旧之分。而大学生创新创业大赛就是从旧知识里去创新，不论最后成功与否，只要参与了，每一步都会有所收获。

鲍景富教授与团队学生合影

“爱学生是我的一种天性”

鲍景富将自己的时间与精力几乎全部投入到科研与授业中，一年里有三百多天他都待在教研室。他欢迎同学们来教研室参观，鉴于自己的留学经历，他开创出“周报”的学习方式，引导学生循序渐进，由浅入深。用鲍景富自己的话来说，“爱学生是我的一种天性。”而鲍景富所指导的，远不只是本校的学生，还有来自中南大学、西南大学等全国各地的学生。在鲍景富的指导下，有位西安科技大学的学生在一年多的时间里写下了数十篇周报，从科研小白到驾轻就熟，学生激动地给鲍老师发消息，称鲍老师是他的引路人。

鲍景富教授与博士毕业生合影

给同学们的寄语

希望同学们在未来的学习、工作中不怕批评与失败，学会在批评中自我提升，在失败中筑起知识大厦。

鲍景富教授与学生合影

04

【教师专访】钟洪声：教研路上的探索者，扶贫路上的发声人

三尺讲台上，他是手持粉笔、妙语连珠的人民教师；科研岗位上，他是挑灯达旦、砥志研思的“研究生”；扶贫路上，他是满心热忱、认真求实的践行者。他就是电子科技大学电子科学与工程学院（示范性微电子学院）的钟洪声教授。

钟洪声，中国民主同盟（以下简称同盟）成员，中国电子学会高级会员（“三遥”分会委员）。他长期工作在电子技术领域的教学科研一线，教学经验丰富，学术水平和科研工作能力突出，先后主讲电路分析基础、功率电路学等多门课程，被聘为电子科技大学“电路分析与电子线路课程首席教授”，多次荣获四川省教学成果一等奖。他指导学生参加多届全国大学生电子设计竞赛，其中多组学生获得国家级、省级奖项，电子科技大学获得国家级奖项的数量连续17年稳居全国高校前三甲。他主持和参加科研项目20多项，先后获省部级、市级科技成果奖多项，申报并获得专利授权多项，发表学术期刊60余篇，会议论文20余篇；主编教材1部，参加电子科技大学“同心·专家服务团”以来，他积极参与学校精准扶贫工作，并于2017年11月被授予为“四川同心·专家服务团”活动先进个人荣誉称号。

育人不倦，勤修匠“新”

天下有真教术，斯有真人才。钟洪声在三十余年的教学过程中，积累了丰富的教学经验，形成了自己独到的见解。钟洪声始终坚持认真上好每一节课，在课堂上，精神饱满，言简意赅而又内容丰富，充分调动同学们的积极性，引发学生思考。

在平时的授课过程中，钟洪声注重对学生积极性的培养，学生回答问题无论对错，他都以鼓励为主，从不压制学生的思维，鼓励学生

从不同角度以不同方式来看待问题。

在中国古代的哲学思想中，“学、问、思、辨、行”，“学”是最低的一个层次。钟洪声希望学生学好知识的同时也能提升其他方面的能力。他着重培养学生的主动思考能力、思辨能力与创新思维，希望学生通过本科阶段的学习，提高自己的整体素质，为后续发展打好基础。

钟洪声教授

钟洪声积极推动教学改革，经常在班上组织辩论活动，比如“交流电好还是直流电好”这类开放性的辩题。学生在参与辩论的过程中，能提高他们对知识的认知程度，训练学生的语言表达能力。

“想上我的课，一定要做好思想准备，偷不了懒”。钟洪声潜心教学与教改，将学科竞赛融入课堂教学。在电路分析与电子线路这门课的本科教学中，他希望同学们在掌握理论的同时，能够动手设计一些小玩意儿，在“电光石火”之间更好地理解和运用知识。一个学期内平均每个小组会有3～4个小设计，这种安排学生虽然会感觉累一点，但是在展示的时候同学们洋溢的自豪感也是掩盖不住的。

钟洪声表示，“电路分析是学生的系统性入门电路课，也是集成电路专业的入门基础课，我要把这门课讲好、讲懂，讲得有意义，这样他们专业的扣子才能从一开始就扣好”。也正因这种全心全意为学生的态度，钟洪声备受学生爱戴，在每年的学生评教中他都名列前茅。

参加学术教研研讨会

竞赛指导，捷报频传

钟洪声指导学生参加全国大学生电子设计竞赛多届，他的竞赛指导注重学生的主体感。沿着一条主线，一环套一环，一个问题引出下一个问题，循序渐进地把知识与思路输出给学生，让学生抓住问题的本质。

一个人走得快，一群人走得远。钟洪声表示，做竞赛，既要保持个人特色，更要有团队协作。参照研究生教育的培养方式，他对参与竞赛的本科生定期召开组会，跟进学生们的进展情况。一方面是监督每个组的进度，另一方面也是给大家提供共同探讨的机会。促使团队之间相互解答，相互学习，从而更快捷、更高效地共同进步，完成题目。

在钟洪声多年的竞赛指导下，电子科技大学获国家级奖项的数量连续17年稳居全国高校前三。

钟洪声开展竞赛培训

精准扶贫，严谨落实

教学之余，钟洪声积极响应学校党委统战部和扶贫办的倡议，先后两次随专家组赴电子科技大学定点帮扶村四川省康定市甲根坝乡亚弄村开展实地调研，与地方党委政府开展地区规划座谈，了解情况、沟通想法。钟洪声在座谈会中根据当地的地理条件、自然景观等多方面因素进行细致化分析，针对当地民族地区经济发展思路提出了自己的想法和建议。

2016年专家团赴康定市与当地市委领导座谈交流

由于亚弄村地形的海拔原因，当地的农业发展存在一些限制因素，基本只能种植一些特定菌类，但这也不足以支撑当地的经济，所以农业发展致富这一条路不好走。

亚弄村的自然环境很好，可以依托于这得天独厚的自然环境，开发旅游景点，发展第三产业旅游业。

2016年专家团赴康定市甲根坝乡亚弄村与当地村委会交流

经过近几年的发展，当地道路修通了，便捷的交通吸引了更多慕名而来的游客，藏民们修葺一新的房子极具民族特色，也成为当地的一道风景。

作为专家组成员，钟洪声还一同参与《康定市国民经济和社会发展第十三个五年规划纲要》《康定市城市数字化管理项目可行性研究报告》等相关公文的论证，积极为当地脱贫攻坚工作献计献策。他强调，扶贫工作要真抓实干，一锤子一锤子地敲到位。基层干部要有正确的政绩观，切忌犯政绩焦虑症，盲目攀比搞“大跃进”。干部队伍的思想政治工作要跟上，让自己的阵脚稳定下来。

基层扶贫干部队合影

造血扶贫，爱心帮扶

扶贫先扶智，钟洪声认为，“只有把下一代的教育搞好了，这个地区才能得到很好的发展。孩子们的思想更加先进，眼界更加开阔，才能更好地融入时代，才能有能力来回馈当地。”

钟洪声参加“爱心一对一”帮扶活动，对亚弄村家庭经济困难户家庭的小学生进行结对帮扶。在帮扶过程中，钟洪声教导同学们面对困难不灰心、不气馁，通过努力学习改变生活，报效家乡。

在扶贫过程中，钟洪声利用实地调研的机会，为当地同学们开展了“奇妙的物理知识”科普讲座。钟洪声从他们生活中常见的物理现象说起，深入浅出地讲解，再总结提炼成科学理论，以此激发同学们的求知欲，在同学们心里播下科学的种子。

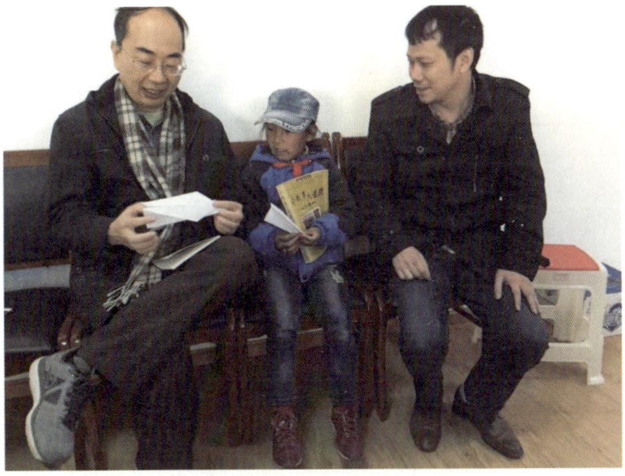

2016年钟洪声与“爱心一对一”帮扶小朋友家庭合照留念

2016年钟洪声给同学们开展科普讲座

05

【教师专访】肖旭：初识，一定是热爱生活的人

肖旭

肖旭，电子科技大学电子科学与工程学院“百人计划”特聘研究员，博士生导师，独立PI（低维电子信息材料与器件团队负责人），2019年斯坦福全球全领域前2%科学家。肖旭分别在2011年和2016年于华中科技大学获得理学学士学位和工学博士学位（导师为周军教授）。博士后期间（2016—2020）于美国德雷塞尔大学（Drexel University）Yury Gogotsi授课题组开展新型二维材料的合成与应用研究。近年来，共计发表SCI收录论文50余篇，以第一作者和通信作者身份在国际著名学术期刊发表论文30余篇，ESI高被引论文13篇。授权中国专利4项，申请美国专利4项。截至2021年5月，所发表论文被引用7100余次，H因子35。

借WILEY人物访谈肖旭的机会，微观E事有幸对其进行了深入采访。

智能织物与科研之道

智能织物是肖旭老师的研究方向。智能织物顾名思义，即具有传感、自适应、通信和学习功能的纺织结构。在未来人机共生，人与机器相协同的背景下，智能织物作为可穿戴领域中的一个重要方向，具有优良前景。例如为了减少人类对空调的依赖而研究出来的，以人类的汗水作为电力来源，能够帮助穿戴者保持舒适体温的智能织物等。提起智能织物，肖旭老师就滔滔不绝地介绍起来。问及为何选择科研这条道路，肖旭老师感慨道：“首先，做科研这件事情可以说是我小时候的梦想，我记得很清楚，有一次高中的开放课，老师让我们畅所欲言每位同学的梦想，当时我还比较年轻哈，我站起来跟老师说我想帮中国拿诺贝尔奖（笑场）。到后来进入大学，再到出国留学，受到两

位优秀导师的栽培，更加促使我继续坚持科研这条道路。”做科研需要有各种天马行空的想法，对于从事科研事业的人，敢于想象是一个至关重要的因素。

办公室里的肖旭老师

研究不是一个人的战斗，而是一群人。肖旭老师作为低维电子信息材料与器件团队的负责人，自招收学生起，就坚持以身作则，一直亲力亲为，与实验室的同学们共同学习奋斗。他说，很庆幸在很年轻的时候就已经开始帮导师管理团队，因此拥有非常丰富的管理经验。受两位良师的影响，肖旭老师逐渐形成自己独特的管理理念。他回忆道：“周军教授为人严肃而细致，坚持以身作则，Yury 导师则是另一种风格，比较注重培养学生个人的管理能力，而导师本人则是负责实验室的宏观调控。”肖旭老师传承并综合了两位导师的管理理念，在实验管理上拿捏得当，张弛有度。他强调：“工作方面一定要按照实验室团队拟定好的规章制度行动。举一个简单的例子，进入实验室会发现右侧放置了护目镜，任何人做实验之前一定要注意安全佩戴护目镜。一次没戴老师会提醒，两次没戴会在当天停止实验，三次没戴哪怕学生在赶实验进度也会被停一个月的实验”。虽然是处于管理者的角色，肖旭老师跟同学们相处起来却更像是朋友，平等友爱。身为一名青年教师和青年科研人，肖老师在学术方面对自己有着很高的要求，对学生也有着很高的期待。据他所带时间最长的同学回忆道：“肖老师性格随和，脾气很好，日常相处根本看不到老师的架子，我们都可以充分地感受到肖老师对学生的尊重”。在科研与生活方面，课题组会定期开组会，讨论科研的进展和遇到的问题，“平时如果有什么问题去找肖老师，肖老师都会立刻放下手头的事情和我们进行讨论，给我们答疑。肖老师对我们不光在科研方面花心思，还强调想要做好科研，就要有好身体，所以每周都会组织我们打羽毛球，不仅锻炼了身体，还促进了我们和肖老师之间的交流”。而肖旭老师对于同学们最具震撼力和影响力的还是那句话——做有意义的科研，这是前人的遗志，也是我们努力奋斗的目标。

青年教师也需要有自己的生活

抛开科研之外，肖旭老师也是热爱生活之人。走进肖旭老师的办公室，标记着各种元素字母的魔方装饰着办公桌，整齐的书本摆放在右侧，宝贝与夫人的照片放置在一回头便能看到的地方，目光所及之处尽是对生活的热爱。当被问及“怎样平衡科研和生活”时，肖旭老师分享了他的观点：“我坚信工作是为了更好地生活，生活愉悦工作也会更有效率，这些都是相辅相成的。”在科研工作以外，肖旭老师将

“生命在于运动”贯彻到底，他组织学生们一周运动两次。采访时，肖旭老师个人也开玩笑地说道会坚持周日“打死也不会工作”的原则，一定会在闲暇之余尽可能地陪伴家人，哪怕只是逛个街；另外，一定不能因为工作原因把身体搞垮。

经验分享

正值毕业之际，对于想出国留学的同学，肖旭老师分享了自己的留学经验，“在国外的课题组即使有很多中国人，也一定需要练好英文，如果语言并不过关，真的会严重局限自己的生活圈与朋友圈，这对于我们同学在国外的个人成长是非常不利的。”

祝福寄语

新的征程，新的开始，肖旭老师也热情地送上了祝福寄语：“我们的国家有着无限的可能等待我们去发掘与探索，不管即将毕业的同学未来选择进企业，当公务员亦或是继续科研，希望每一位成电学子都将这份使命感铭记在心中。愿学院能够承上启下，再创佳绩！”

Chapter Four

【突破·攀登】

研究生教育是培养高层次人才的重要途径，是国家创新体系的重要组成部分。教育部、国家发展改革委、财政部《关于深化研究生教育改革的意见》明确提出，要全面贯彻党的教育方针和发展规划纲要，落实“立德树人”根本任务，进一步提高研究生培养质量。学校高度重视研究生教育工作，认真制订改革方案，以服务需求、提高质量为主线，以分类推进培养模式改革，健全质量保障体系为着力点，构建一流的研究生教育体系。习近平总书记在党的十九大报告中强调，“创新是引领发展的第一动力。”要加快建设创新型国家，需要培养造就一大批具有国际水平的战略科技人才、科技领军人才、青年科技人才和高水平创新团队。结合学校“双一流”建设目标和“十三五”发展规划，落实《电子科技大学研究生教育改革发展意见》具体要求，自2018年以来，电子科学与工程学院（示范性微电子学院）围绕“立德树人”根本任务，构建“一核五翼”科研育人体系，以研究生学科竞赛作为创新实践教育载体，积极参与电子科技大学“研究生科技创新支持计划”项目，全面提升研究生创新实践能力，不断提高研究生培养质量，着力培养具有家国情怀、全球素养、扎实基础、知识综合与集成创新能力，未来能引领科技前沿，推经济社会发展，堪当民族复兴大任的创新领军人才，培育一批面向未来电子信息技术及“卡脖子”关键技术领域的工程科学的发现者、工程技术的发明者、工程系统的设计者与创造者、商业价值的创造者和实现者。

01

电子学院研究生学科竞赛概况

学科竞赛是在结合课程教学、解决实际问题和科学研究的基础上，通过竞赛激发学生理论联系实际，提高自身的实践和创新能力，以培养学生的专业学习兴趣、创新意识、创业能力的活动。学科竞赛可以作为推动教育改革、助力创新领军人才培养的一种方法和手段，贯穿于人才培养的全过程。电子学院围绕“立德树人”根本任务，构建“一核五翼”科研育人体系，紧跟国家创新发展主题，回应相关产业发展的亟需，依托A+学科优势，把研究生学科竞赛作为创新实践教育载体，助力学生成长成才的重要抓手，积极引导学生参与其中，坚持将思想价值引领与专业深度融合，切实加强理论知识储备、提升实践运用技能、提高综合素质能力，促进学生全面发展。

“一核五翼”创新工作体系

完善队伍建设，加强顶层设计。电子学院积极构建学科竞赛体系并在实践中不断优化，组织辅导员积极拜访导师团队，充分调动导师的积极性，鼓励和支持研究生参加各类实践创新教育活动，营造良好的科技创新氛围。与学

电子科技大学研究生院“研究生科技创新支持计划”学科竞赛项目电子学院立项名单（2018—2021）

2018年	2019年	2020年	2021年
1. 国际微波年会(IMS)研究生设计竞赛 2. IEEEXtreme极限编程全球赛 3. 全国大学生集成电路创新创业大赛 4. 中国研究生创“芯”大赛	1. 国际微波年会(IMS)研究生设计竞赛 2. IEEEXtreme极限编程全球赛 3. 全国大学生集成电路创新创业大赛 4. 中国研究生创“芯”大赛	1. 国际微波年会(IMS)研究生设计竞赛 2. IEEEXtreme极限编程全球赛 3. 全国大学生集成电路创新创业大赛 4. 中国研究生创“芯”大赛	1. 国际微波年会(IMS)研究生设计竞赛 2. IEEEXtreme极限编程全球赛 3. 全国大学生集成电路创新创业大赛 4. 中国研究生创“芯”大赛 5. 全国大学生嵌入式芯片与系统设计大赛

科竞赛专项兼职辅导员形成联动，牵头成立学科竞赛专项小组，定期召开小组会议，统筹各级赛事的组织和开展工作。充分发挥学科骨干教师力量，针对不同赛事成立工作小组，推荐专家学者积极参与重要赛事，选拔经验丰富的校内竞赛专家、专项助理辅导员提供全赛程技术指导。

创新培训方式，提升选拔质量。打造“竞赛领航计划”品牌活动，开展常态化培训交流，提升队伍质量。组织开展以课程与技能为主要内容、选拔为主要目的的综合培训体系，做到赛前有培训、赛中有指导、赛后有总结。赛前专职辅导员统筹赛事组织、宣传、培训等工作，邀请大赛组委会专家对赛事进行总体介绍；竞赛兼职辅导员和校内外竞赛专家举办竞赛宣讲会，进行赛事解读、赛题分析、赛前指导；竞赛助理辅导员和往届优秀参赛队伍提供同辈交流指导，分享参赛经验、答题技巧等，全方位多渠道开展赛事培训选拔工作，助力提升参赛作品质量。

整合优质资源，搭建实践平台。邀请校外优质政企单位一起参与研究生科技创新能力培养，以学科竞赛为载体，面向国际级、国家级、省部级和校院级学科竞赛，分类别多层次开展合作交流，整合双方优质资源，搭建实践创新平台，赋能育人质量提升。目前已联合10余家政企单位承办各类国家级省赛和校赛。

打通育人通道，拓宽实践舞台。通过系统规划、整体布局、搭建舞台、形成合力，打通从国际级、国家级、省部级到校院级赛事通道，全方位多层次强化科研育人实效。每年积

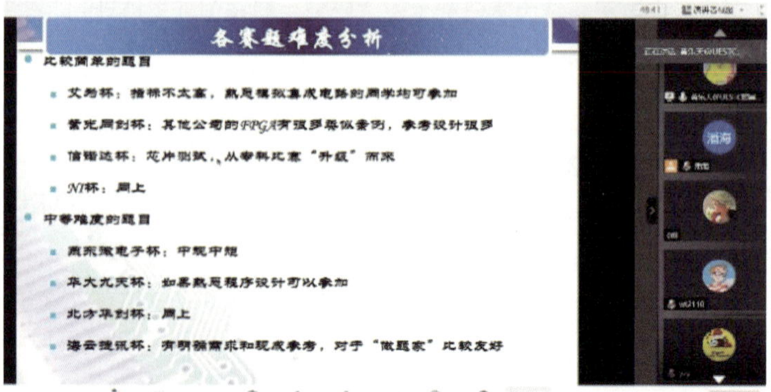

竞赛宣讲会

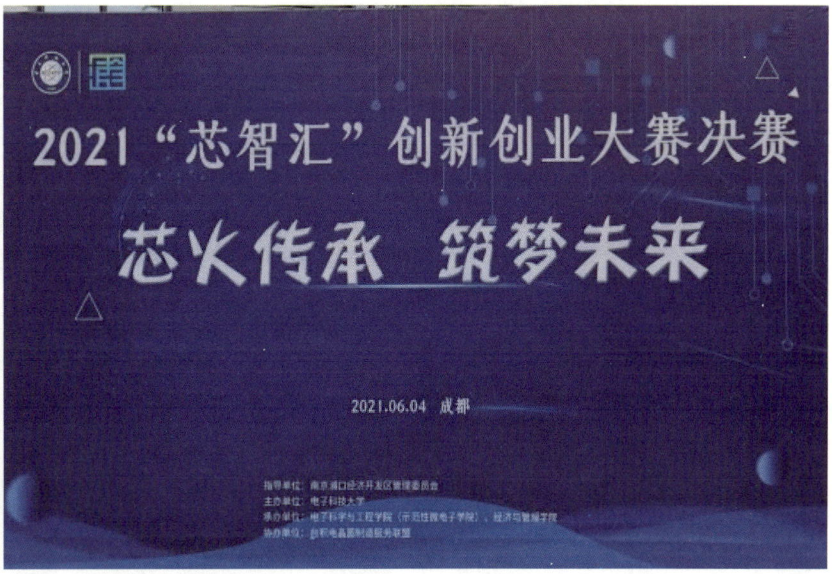

各类科技竞赛平台

极申报研究生院“研究生科技创新支持计划”项目，鼓励研究生登上国际、国内舞台展示A+学科学生的科研实力和创新风采，选派优秀队伍参加IEEEXtreme极限编程全球赛、IMS学生设计竞赛、中国国际“互联网+”大学生创新创业大赛、“挑战杯”全国大学生系列科技学术竞赛、中国研究生创“芯”大赛、全国大学生集成电路创新创业大赛、全国大学生嵌入式芯片与系统设计大赛、集成电路EDA设计精英挑战赛等国际级和国家级研究生创新实践系列大赛，不断扩大研究生学科竞赛活动参与面，以赛促学，以赛促教，以赛促创。

精耕细作，硕果累累。近四年，电子学院研究生在各项学科竞赛中取得优异成绩，累计组织参与或承办校级以上赛事30余场，举办线上线下培训交流活动40余场，参与学科竞赛人数超1000人，获得国家级最高奖12项，获得国家级奖项100余项，获评“优秀指导教师”超100人次，省级以上获奖人数超400人，2个团队共6人荣获2021年电子科技大学研究生“优秀竞赛团队奖”，获奖数量全校第一。此外，获评国家级赛事“优秀组织奖”10项，获得工业和信息化部人才交流中心首次颁发的“杰出合作伙伴奖”（集创赛），该奖项全国仅颁发给两所高校。

部分参赛照片

“华为杯”第二届中国研究生创“芯”大赛
优秀组织奖
西安电子科技大学
东南大学
浙江大学
华中科技大学
杭州电子科技大学
上海交通大学
西安邮电大学
电子科技大学
中国科学院大学
第五届集创赛杰出合作伙伴奖
承办单位
电子科技大学
大连理工大学
第四届全国大学生集成电路创新创业大赛
优秀组织奖
第三届全国大学生集成电路创新创业大赛
优秀组织奖
杰出合作伙伴奖
第五届全国大学生集成电路创新创业大赛
优秀组织奖
荣誉证书
电子科技大学：
在“第二届(2017-2018)全国大学生集成电路创新创业大赛”中，组织有力、参赛踊跃、成绩优异，特授予
优秀组织奖
特发此证，以资鼓励！
优秀指导教师奖
优秀指导教师奖

部分获奖照片

02

电子学院组织参与或承办的重要赛事简介

中国“互联网+”大学生创新创业大赛

中国“互联网+”大学生创新创业大赛，由教育部与政府、各高校共同主办。大赛旨在深化高等教育综合改革，激发大学生的创造力，培养造就“大众创业、万众创新”的主力军；推动赛事成果转化，促进“互联网+”新业态形成，服务经济提质增效升级；以创新引领创业、创业带动就业，推动高校毕业生更高质量创业就业。

以赛促教，探索人才培养新途径。全面推进高校课程思政建设，深化创新创业教育改革，引领学校人才培养范式变革，建构素质教育发展新格局，形成新的人才培养质量观和质量标准，切实提高学生的创新精神、创业意识和创新创业能力。

以赛促学，培养创新创业生力军。激发学生的创造力，激励广大青年扎根中国大地了解国情民情，在创新创业中增长智慧才干，坚定执着追理想，实事求是闯新路，把激昂的青春梦融入伟大的中国梦，努力成长为德才兼备的有为人才。

以赛促创，搭建产教融合新平台。把教育融入经济社会产业发展，推动互联网、大数据、人工智能等领域成果转化和产学研用融合，促进教育链、人才链与产业链、创新链有机衔接，努力形成高校毕业生更高质量创业就业的新局面。

近四年，电子学院研究生在中国“互联网+”大学生创新创业大赛中获得金奖1项，银奖3项。

“挑战杯”全国大学生系列科技学术竞赛

“挑战杯”全国大学生系列科技学术竞赛

中国"互联网+"大学生创新创业大赛掠影

（以下简称"挑战杯"），是由共青团中央、中国科协、教育部和全国学联共同主办的全国性的大学生课外学术实践竞赛。"挑战杯"竞赛在国内共有两个并列项目，一个是"挑战杯"国内大学生创业计划竞赛，另一个是"挑战杯"全国大学生课外学术科技作品竞赛。两个项目的全国竞赛轮流开展，都是每两年举办一届。"挑战杯"全国大学生课外学术科技作品竞赛始终坚持"崇尚科学、追求真知、勤奋学习、锐意创新、迎接挑战"的宗旨，在促进青年创新人才成长、深化高校素质教育、推动经济社会发展等方面发挥积极作用，在各大高校和社会上产生了广泛影响，被誉为当代大学生科技创新的"奥林匹克"盛会。"挑战杯"中国大学生创业计划竞赛参考风险投资的运作模式，要求参赛者以竞赛小组为单位，提出一项具有市场前景的技术、产品或服务，并围绕这一技术、产品或服务，以获得风险投资为目的，完成一份完整、具体、深入的创业计划。

近四来，电子学院研究生在"挑战杯"两项大赛中获得特等奖2项，一等奖1项，二等奖1项，三等奖1项。

全国大学生集成电路创新创业大赛

集成电路是信息技术产业的核心，是支撑经济社会发展和保障国家安全的战略性、基础性和先导性产业，在国民经济关键领域中起着重要作用。为贯彻落实国家集成电路发展战略重要部署，服务我国集成电路产业发展大局，创新集成电路产业人才培养模式，为集成电路产业提供大批优秀的后备人才，工业和信息化

"挑战杯"全国大学生系列科技学术竞赛获奖情况

部人才交流中心主办了全国大学生集成电路创新创业大赛（以下简称大赛）。

大赛以服务产业发展需求为导向，以提升我国集成电路产业人才培养质量为目标，打造产学研用协同创新平台，将行业发展需求融入教学过程，提升在校大学生创新实践能力、工程素质以及团队协作精神，助力我国集成电路产业健康快速发展。大赛分为全国总决赛、分赛区决赛和初赛，西南赛区决赛由电子科技大学电子科学与工程学院（示范性微电子学院）承办。赛事覆盖西南地区30多所高校，累积参与人数超3000人。同时，大赛期间举办集成电路行业人才对接会和高峰论坛，对接会邀请来自全国各地30余家集成电路行业的顶尖企业参加，就大赛内容、集成电路行业发展现状、行业前景以及学生的就业方向等主题与同学们进行深入沟通和交流，为高校和企业之间搭建了科研合作与人才培养的平台，既帮助企业提前了解到高校人才的培养方向，又助力同学们提前了解行业和企业的发展需求，从而做好职业生涯规划。

大赛自2019年起已纳入全国普通高校学科竞赛排行榜，也是电子科技大学研究生院"研究生科技创新支持计划"重点支持的国家级学科竞赛之一，每年由电子学院承办大赛的校内赛，选拔优秀队伍参加分赛区赛事和全国总决赛。电子科技大学学子在该项大赛中共斩获一等奖10项，二等奖14项，三等奖23项，优秀奖6项，获奖数居全国高校第一，每届均获得“优秀组织奖”，其中，2021年8月获得由工业和信息化部人才交流中心首次颁发的“杰出合作伙伴奖”荣誉称号，全国仅两所高校入选。

中国研究生创“芯”大赛

由教育部学位与研究生教育发展中心和中国科协青少年科技中心共同发起设立的中国研究生创“芯”大赛（以下简称大赛），是中国研究生创新实践系列大赛主题赛事之一，作为研究生展示集成电路设计能力的舞台和进行创新实践训练的平台，大赛为参赛学生提供了知识交流和实践探索的宝贵机会。

大赛每年举办一次，赛事覆盖全国大部分集成电路相关专业研究生培养高校及科研院所，在促进青年创新人才成长、遴选优秀人才等方面发挥了积极作用，政府各部门、各高等院校、企事业单位和社会媒体对大赛给予了广泛关注和高度重视。大赛分为初赛和全国赛。也是电子科技大学研究生院“研究生科技创新支持计划”重点支持的国家级学科竞赛之一，每年电子学院承办大赛的校内选拔赛。电子科技大学学子在该项大赛中累计斩获一等奖5项，二等奖4项，三等奖12项，获得三次“优秀组织奖”。

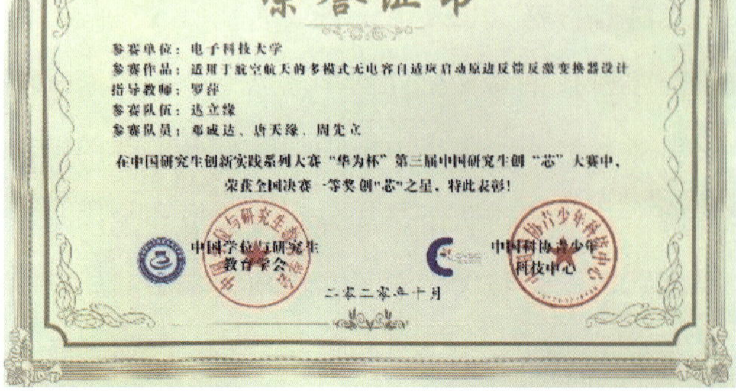

荣誉证书

参赛单位：电子科技大学
参赛作品：适用于航空航天的多模式无电容自适应启动原边反馈反激变换器设计
指导教师：罗萍
参赛队伍：迅立缘
参赛队员：邹成达、唐天缘、周先立

在中国研究生创新实践系列大赛“华为杯”第三届中国研究生创“芯”大赛中，荣获全国决赛一等奖创“芯”之星，特此表彰！

中国学位与研究生教育学会　中国科协青少年科技中心

二零二零年十月

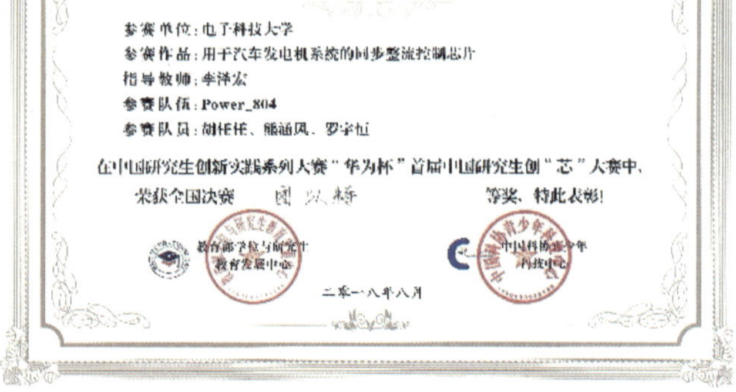

荣誉证书

参赛单位：电子科技大学
参赛作品：用于汽车发电机系统的同步整流控制芯片
指导教师：李泽宏
参赛队伍：Power_804
参赛队员：胡佳佳、熊涵风、罗宇恒

在中国研究生创新实践系列大赛“华为杯”首届中国研究生创“芯”大赛中，荣获全国决赛 [illegible] 等奖，特此表彰！

教育部学位与研究生教育发展中心　中国科协青少年科技中心

二零一八年八月

中国研究生创“芯”大赛部分获奖情况

IEEEXtreme全球极限编程大赛

IEEEXtreme全球极限编程挑战赛是由IEEE主办，IEEE学生分会组织承办、IEEE会员参与指导和监督，IEEE学生会员以团队为单位参与的全球性竞赛。全球赛基于CS Academy平台，由IEEE官网在24小时在线发放一系列程序设计问题，每个问题分为Describe、Input、Output、Sample几个部分。竞赛过程中根据各个程序设计问题的完成进度，对参赛队伍进行全球实时排名，赛程对选手的脑力、体力与心理极限都是极大的考验。IEEEXtreme全球极限编程大赛是电子科技大学研究生院“研究生科技创新支持计划”重点支持的国际性学科竞赛之一，由电子学院承办校内赛，IEEE电子科技大学学生分会负责竞赛活动开展，每年3—5月进行校内培训和校内选拔赛，10月举行全球赛。近四年，校内赛和全球赛参赛队伍数累积超过500支，电子科技大学曾连续两年获得全球赛亚军，参赛数量稳居全国高校第一。

IEEEXtreme全球极限编程大赛

全国大学生嵌入式芯片与系统设计大赛

为了加强全国高校学生在嵌入式芯片与系统设计应用领域的创新设计与工程实践能力培养，使学生能够全面掌握芯片设计、系统软硬协同优化、应用方案设计等层面的相关知识和技能，丰富和活跃校园创新创业学术氛围，推进高校与集成电路相关企业产学协同育人，为社会培养具有创新思维、团队合作精神、解决复杂工程问题能力的优秀人才，由中国电子学会组织举办全国大学生嵌入式芯片与系统设计竞赛（以下简称大赛）。大赛由东南大学、南京市江北新区管理委员会联合承办。

大赛自2020年起已纳入全国普通高校学科竞赛排行榜，也属于学校研究生院“研究生科技创新支持计划”重点支持的国家级学科竞赛之一，大赛分为全国总决赛、分赛区决赛和初赛，电子科学与工程学院（示范性微电子学院）和格拉斯哥学院联合承办大赛西部赛区，并举办校内赛选拔优秀队伍参加分赛区和国赛。目前我校已累计斩获全国一等奖1项、二等奖5项、三等奖5项、企业专项奖2项。

全国大学生嵌入式芯片与系统设计大赛

03

优秀团队风采（2021年）

第七届中国国际“互联网+”大学生创新创业大赛

项目名称：频岢微电子——无线通信高端射频模组芯片领跑者

获奖等级：高教主赛道师生共创组金奖

获奖时间：2021年10月

团队成员：刘昱伶（项目负责人）、王崭、李馨、陆舟、吴雨珂、彭维婷、王熙、刘殊璇、薛浩、潘永生、程洋、朱谊龙、陈雄

指导老师：董元旦、杨涛、马增红、徐锐敏

项目简介：成都频岢微电子有限公司由2位国家级高层次人才专家与1位知名跨国公司高管领衔，由电子科技大学A+学科为主的硕士和博士团队组成。公司专注于4G/5G和物联网高级射频前端芯片及模组的研发，致力于解决“卡脖子”技术的自主创新问题，是国家高新技术公司。公司自成立以来，一直受到各级政府的高度重视和机构投资者的青睐。在面向5G及下一代无线通信技术，频岢微电子进行了积极的布局。团队已累计申请国内外专利近百项，发表论文300余篇。现已量产30余款高性能射频芯片产品，在70多家手机、车载、穿戴和CPE客户进行了量产，产品关键技术指标达到了国际领先水平，填补了国内中高端射频滤波器芯片的空白，得到客户侧的高度认可。“频”芯而立，大有“岢”为。

频岢微电子团队

第十七届“挑战杯”全国大学生课外学术科技作品竞赛“揭榜挂帅”专项赛

项目名称：低剖面低散射超宽带曲面阵列

获奖等级：特等奖

获奖时间：2021年10月

团队成员：孙建旭（项目负责人）、牛嘉、宋晓炫、李诚佳、叶婧、侯惠颖、程起芳、李东泽、黄文龙、蒋子轩

指导老师：吴亚飞、程钰间

项目简介：团队针对现代电磁战中对电磁环境深度感知、精准控制与侦查隐身的需求，致力于突破低剖面低散射超宽带曲面相控阵天线技术，在超宽带工作频域下实现天线剖面、共形、覆盖范围、极化调控与散射性能等多维多域性能的协同突破。项目核心成果在超宽带天线设计中引入横纵融合自由维度，通过容感互补、横纵融合与横纵编码设计方法，实现了天线多维多域性能的协同提升。项目成果获得国内多家单位的认可与青睐，样机关键技术指标处于国际领先水平。面向国家重点需求，团队先后承担了国家级、省部级科研项目40余项，获四川省科技进步二等奖、教育部自然科学二等奖、军队科学技术二等奖各1项，累计申请国内外专利50余项，发表领域顶尖学术期刊40余篇。

项目名称：极化可调的超宽带曲面

获奖等级：特等奖

获奖时间：2021年10月

团队成员：肖凡（项目负责人）、黄杰、郭攀、张宁、任潜、师晨博、姚正亮、孙嘉璐、徐嘉威、刘巍

指导老师：刘颜回

项目简介：团队基于紧耦合阵列天线技术，设计了3种不同极化的超宽带低剖面共形单元，并将其应用于典型曲面平台的共形组阵，最终实现低剖面的超宽带共形相控阵，重点解决紧耦合超宽带阵列的低剖面共形设计问题。同时，利用双极化低剖面共形阵列，实现了任意极化可调，完成了相关技术的原理研究、仿真分析、硬件加工与测试工作，研制了超宽带低剖面的共形阵列样机。

中国研究生创“芯”大赛

项目名称：新型低功耗栅触发晶闸管和固态直流断路器设计与实现

获奖等级：一等奖

获奖时间：2021年12月

团队成员：许晓锐、张舒逸、赖静雪

指导教师：陈万军

作品简介：为实现兼具低功耗和高可靠性的固态直流断路器，作品包括两部分设计。首先，是为实现固态直流断路器的低功耗特性而设计的新型低功耗绝缘栅触发晶闸管（IGTT），该器件为电压半控型，极大地降低了驱动功耗，同时在结构、工艺和版图等方面进行了优化，进一步提高了阴极和阳极的双极载流子注入效率，实现了强电导调制效应，大大降低了器件导通功耗。在成功流片后对器件样品进行了测试，测试结果表明器件导通压降仅为1.1V，比目前主流功率半导体器件的导通压降更低，器件耐压为1300V以上，且该器件同时具有高di/dt耐量和抗dv/dt能力。其次，在新型低功耗绝缘栅触发晶闸管的基础上，提出了准零点换流电路新拓扑以提升系统电流中断能力，该电路拓扑通过换流回路使低功耗和高电流中断能力相互独立，在固态直流断路系统中同时实现低功耗和高中断能力，并成功搭建了基于IGTT的新型固态直流断路器的测试平台。测试结果表明所设计的断路器可以实现故障电流的快速中断，且实现了准零点恢复，消除了传统换流回路中存在的反向电压过冲，大大提高了固态直流断路系统的可靠性。和目前市场上基于不同功率半导体器件的固态直流断路器系统相比，本作品在系统功率效率和系统可靠性方面具有较大优势，能够满足直流配电系统的高效、高速、高可靠性保护需求。

项目名称：面向人机交互的超低功耗语音识别系统

获奖等级：一等奖

获奖时间：2021年12月

团队成员：刘青松、高昕毅、张兆民

指导教师：周军、常亮

作品简介：作品针对智能家居等应用场景，设计了超低功耗的语音识别AI芯片以及基于该芯片的语音识别演示系统。和现有语音识别技术相比，该技术不需要联网，可以很好地

保护用户语音数据，同时具有低功耗、高实时性、低成本等特点，可以广泛用于家庭、工作等场所的智能设备语音控制（如电视、照明、玩具、空调等），为相关应用提供技术支撑。设计结合AI算法和芯片协同创新，在算法层面设计了轻量级神经网络模型和预处理，在芯片层面设计了低功耗、低延时的AI计算架构和电路，在达到高准确率的前提下，大幅降低了计算功耗和硬件开销，同时提高了实时性。该设计的后续工作已完成40nm流片，预计性能会有进一步的提升。

全国大学生集成电路创新创业大赛

项目名称：具有高瞬态响应的低功耗无片外电容LDO设计

获奖等级：一等奖

获奖时间：2021年8月

团队成员：何致远、宋浩、陈嘉豪

指导老师：罗萍

项目简介：低压差线性稳压器（Low-Drop-Out Regulator，LDO）作为一种重要的电源管理芯片被广泛应用于各种电子设备中。传统的LDO通过挂载有等效串联电阻的大容量片外电容，在输出端产生左半平面零点来抵消次级点确保系统的稳定性，但是增加了PCB面积和元件成本，很难应用于高集成度SoC设计，因此无片外电容LDO逐渐成为当今的研究热点。根据本次集创赛题目要求，小组设计了具有高瞬态响应的低功耗无片外电容LDO，采用自适应偏置电流技术和自适应传输控制技术，使该LDO在2.5～3.6V的输入条件和10～20mA的负载条件下，实现纳秒级的瞬态响应和极低的静态电流功耗，同时保证了较好的负载调整率和线性调整率。

项目名称：28GHz高能效PA设计

获奖等级：一等奖

获奖时间：2021年8月

团队成员：倪梦虎、杨茂旋、张振翼

指导老师：王政

项目简介：此次比赛中我们设计了一种工作于28GHz的Outphasing功率放大器，并采用Global Foundries 45nm SOI CMOS工艺对电路进行了具体设计、版图绘制与EM仿真，结果均达到了比赛要求。我们从文献调研出发，首先介绍了主流的提升PA效率的技术，涵盖近些年的Doherty PA与Outphasing PA，分析了Outphasing

PA与Chireix补偿的数学原理，其中重点关注了PA输出阻抗的影响。在了解传统电压型Outphasing PA的局限性后，根据电流型Outphasing PA的数学原理，推导出其理想效率，最终设计了一种新型的逆向电流型Outphasing PA。支路PA采用差分Cascode结构，通过电荷加速等多种技术来提高性能，探索并实现了额外的信号调制模式，实现更高的峰值效率。最终整体Outphasing PA可以达到23.01dBm的饱和输出功率，44.1%的峰值PAE，功率回退（PBO）6dB时PAE为29.5%，充分体现了Outphasing技术在功率回退时提高效率的特点，整体性能优良，各项性能参数均达到了比赛要求。

项目名称：基于蜂鸟E203 RISC-V处理器内核的SoC设计

获奖等级：一等奖

获奖时间：2021年8月

团队成员：张辰希、李聪毅、方浩原

指导老师：王忆文

项目简介：新冠肺炎疫情防控期间，数字化技术给疫情防控带来了极大的便利，然而目前对于行人是否佩戴口罩的识别和提醒主要还是依赖于安保人员。因此，能够检测行人是否佩戴口罩并进行提醒的口罩识别系统有着极高的实用价值。针对这种情况，本作品基于SSD神经网络模型开发了口罩识别SoC系统，以蜂鸟E203 RISC-V处理器为内核，通过专用神经网络处理器加速，部署在Nuclei DDR200T开发板上。工作时，系统首先通过OV5640摄像头采集图像数据并通过VGA接口显示，为口罩识别结果输出做准备；同时，系统将采集得到的图像进行预处理后传递给自主开发的协处理器进行神经网络计算。计算完成后，通过硬件VGA驱动将识别结果以红绿色框的形式显示在显示器上（戴口罩人脸显示绿框，反之为红框）。如果出现红框，系统将通过音响输出“请佩戴口罩”的语音提示。在性能上，系统利用专用加速器在边缘计算设备上可以实现每秒4帧的识别速度，识别准确率达到90%，在新冠肺炎疫情防控方面有较好的应用前景。

附：2021年电子学院研究生学科竞赛国家级重要赛事获奖情况

序号	竞赛名称	团队成员	获奖时间	获奖类别	获奖等级	指导教师
1	第七届中国国际“互联网+”大学生创新创业大赛	刘昱伶、王　崭、李　馨、陆　舟、吴雨珂、彭维婷、王　熙、刘殊璇、薛　浩、潘永生、程　洋、朱谊龙、陈　雄	2021年10月	国家级	金　奖	董元旦、杨　涛、马增红、徐锐敏
2		杨秉正、周　杰、舒一洋、王同宇、郑宇航、国　希、陈　文、李嘉欣、皮畅庭、韩傲然、韩畅轩、邓至贤、饶云博、唐得山、王天翊	2021年10月	国家级	银　奖	罗　讯、钱慧珍、刘志伟
3	第十七届“挑战杯”全国大学生课外学术科技作品竞赛“揭榜挂帅”专项赛	孙建旭、牛　嘉、宋晓炫、李诚佳、叶　婧、侯惠颖、程起芳、李东泽、黄文龙、蒋子轩	2021年10月	国家级	特等奖	吴亚飞、程钰间
4		肖　凡、黄　杰、郭　攀、张　宁、任　潜、师晨博、姚正亮、孙嘉璐、徐嘉威、刘　巍	2021年10月	国家级	特等奖	刘颜回
5		陈铭哲、宋艾虎、肖　玥、刘璐瑶、李杰超、张铁怀、范羽飞、马天培、申　奥、王　怡	2021年10月	国家级	一等奖	王洪斌、程钰间
6		耿　源、高春怡、陶婷婷、王凌霄、刘星辰、杜昌霖、于博伦、蔡如恒、万　密、刘凤帆	2021年10月	国家级	二等奖	杨德强、刘思豪
7	第四届中国研究生创“芯”大赛	许晓锐、张舒逸、赖静雪	2021年12月	国家级	一等奖	陈万军
8		张辰希、李聪毅、方浩原	2021年12月	国家级	二等奖	王忆文
9		彭泽阳、王梓霖、侯博文	2021年12月	国家级	三等奖	贺雅娟
10		王梓任、邓子阳、陈颖芃	2021年12月	国家级	三等奖	黄乐天
11		尧博文、范　淋、肖　航	2021年12月	国家级	三等奖	李　靖
12	第五届全国大学生集成电路创新创业大赛	何致远、宋　浩、陈嘉豪	2021年8月月	国家级	一等奖	罗　萍
13		倪梦虎、杨茂旋、张振翼	2021年8月月	国家级	一等奖	王　政

续表

序号	竞赛名称	团队成员	获奖时间	获奖类别	获奖等级	指导教师
14	第五届全国大学生集成电路创新创业大赛	张辰希、李聪毅、方浩原	2021年8月	国家级	一等奖	王忆文
15		冯俊翔、符式健、张　坤	2021年8月	国家级	二等奖	王培丞 宫　珣
16		衡　浩、肖　尧、赵梓涵	2021年8月	国家级	二等奖	王　政
17		罗　扬、朱俊宛、岳修立	2021年8月	国家级	三等奖	路志刚
18		李　勇、刘晨旭、刘思远	2021年8月	国家级	三等奖	李泽宏
19		刘仰猛、刘玉婷、徐　璐	2021年8月	国家级	三等奖	廖永波
20		周　桐、刘　爽、刘祎鹤	2021年8月	国家级	三等奖	胡绍刚
21		刘杨虎、周莆钧、左　越	2021年8月	国家级	三等奖	胡绍刚
22		袁世伟、李　进、黄　康	2021年8月	国家级	三等奖	李　磊
23		吴泽桂、叶俊廷、林荣晔	2021年8月	国家级	三等奖	李福生
24		王　睿、聂瑞宏、彭辰曦	2021年8月	国家级	优秀奖	甄少伟 李　平
25		杨胜江、王子文、邓　皓	2021年8月	国家级	优秀奖	李建军 王　刚
26	第三届集成电路EDA设计精英挑战赛	刘重遥、纪　麟、周雨舟	2021年12月	国家级	二等奖	何十全
27	第五届全国大学生FPGA创新设计竞赛	张英豪、庞红丽、王　峰	2021年12月	国家级	二等奖	/
28		张振伟、杜大志、昝立宇	2021年12月	国家级	二等奖	/
29		刘　悦、王旭博	2021年12月	国家级	三等奖	何十全
30	第十六届中国研究生电子设计竞赛商业计划书专项赛	汤晟玮、王　义、胡　磊	2021年8月	国家级	二等奖	贾春阳
31		杜昌霖、万　密、刘星辰	2021年8月	国家级	三等奖	杨德强

Chapter Five 五学

【榜样·传承】

01

【人物专访】杨超：不断求索

杨超，电子科学与工程学院（示范性微电子学院）材料科学与工程专业2016级博士研究生，中共党员。深耕基础材料研究，致力于推动我国量子器件领域的发展，以第一作者身份发表电子科技大学首篇Science正刊论文，获评2019年度“中国高校十大科技进展”、首届川渝科技学术大会优秀论文特等奖，并受邀在领域顶尖期刊*Advanced Materials*撰写长篇综述论文。多次受邀到世界知名学府进行学术交流并作公开学术报告，研究成果受到了诺贝尔物理学奖获得者 Robert B. Laughlin、Mike Kosterlitz 以及 BCS理论奠基人L. N. Cooper教授的高度评价。博士期间获国家奖学金、世强特等奖学金等。

2019年底，Science上发表了《超导-绝缘相变中的玻色金属态》，杨超为第一作者，熊杰教授为通讯作者，张万里教授以及中国工程院院士李言荣为共同作者。这是电子科技大学首次以第一作者、第一单位在Science正刊发表原创成果，也是杨超的学术生涯中最重要的成果之一。这项研究成果解决了三十年来悬而未决的量子金属态问题，荣获2019年度“中国高校十大科技进展”和首届川渝科技学术大会优秀论文特等奖等众多奖项。2022年，不断求索的杨超迎来了自己的第二篇顶级期刊论文。这篇Nature论文成果成功突破了费米子体系的限制，首次在玻色子体系中诱导出奇异金属态。

在杨超的心目中，科研不是短跑，它有起点但没有终点，永无止境。杨超就是在科研“马拉松”当中的一名“长跑运动员”。在国际顶级刊物上发表论文，只是这个赛程中的一个“里程碑”，他将朝着前方继续奔跑。

兴趣驱动：一旦爱上科研就爱得死心塌地

“物质的导电性质，是由体内带电粒子的运动行为决定的，它们被叫作载流子。就像开车上高速会遇到各种各样的收费站一样，载流子的运动也会受到各种‘关卡’的阻碍，从而产生电阻。但这条高速公路并非一成不变……”

杨超

谈起自己的研究方向，杨超如数家珍、侃侃而谈，用生动形象的类比，表达自己的所思所想。分享自己的科研体会是他的乐趣之一，也是他多年来养成的工作习惯。

常言说“兴趣是最好的老师”，杨超也不例外。他第一次接触科研是在大二，那时的他，可谓是“初生牛犊”，虽然对所接触的领域一知半解，但脑海里有很多新奇的想法。这些想法让他对科研充满了兴趣，而且一步踏上科研之路，一直奔跑到现在。

刘慈欣在《朝闻道》里写道：“人类的祖先第一次仰望星空，已对宇宙表现出了充分的好奇，而当生命意识到宇宙奥秘的存在时，距它最终解开这个奥秘只有一步之遥了。”杨超借用刘慈欣的这段话指出，对科研的好奇心可以让人类在求知的道路上冲破各种藩篱，对自己而言，这种好奇心也是让自己坚持不懈的不竭动力。

怀揣着这种好奇心，他不断地探索尝试，享受探索的过程，至于将来会遇到什么困难、取得什么成就，他并不在意。随着知识和经验的不断积累，他的科研方向也更加明晰，“越来越知道自己喜欢什么、能做什么、要做什么，然后不断地去做!”

锲而不舍：解决三十年来悬而未决的难题

“锲而舍之，朽木不折；锲而不舍，金石可镂。”这句话是对杨超的科研过程的真实写照。他说，探索过程中会遇到各种各样的困难，有些困难甚至短期内无法解决，越是这样就越是需要耐心和毅力。

他说，科研马拉松的赛道，不是平坦的塑胶跑道，而是像丛林中的一条需要探索的小路。这条小路上，可能有鲜花，但更多的是荆棘，如果没有坚韧不拔的意志，会觉得看不到曙光。

写作《超导-绝缘相变中的玻色金属态》的过程，就是这样一个好事多磨的过程。自高温超导现象发现以来，二维量子金属态的存在及其形成机制一直是国际学术界悬而未决的重要物理问题。为了这篇论文，三年里，杨超不停地改、不停地验证、不停地优化，把猜想用实验一步步证实，再透过实验中的现象解析它的本质。

有时候，觉得“此路不通”，整个研究的思路就可能会发生变化。这就意味着论文要从头再来，猜想、实验、讨论、写作……这样的推倒重来，他经历了五次，“有很多次，我感觉要找的东西已经近在咫尺了，但事实上却远在天边。”

他说，自己觉得已经全力以赴了，但研究进展比预想的更艰难，要耗费更多的时间。面对这种情况，心态十分重要。他说，“压力肯定是有的，唯一能做的就是坚持把手头的事情做好，与时间赛跑。”

在反复打磨之后，《超导-绝缘相变中的玻色金属态》终于在2019年以杨超为第一作者在Science上发表了。这项研究成果解决了三十年来悬而未决的量子金属态问题，在国内和国际上引起了巨大反响。

该项成果受到了诺贝尔物理学奖获得者Robert B. Laughlin、Mike Kosterlitz以及BCS理论奠基人L. N. Cooper教授的高度评价，并荣获2019年度“中国高校十大科技进展”和首届川渝科技学术大会优秀论文特等奖等众多奖项。杨超也因此受邀到美国斯坦福大学、布朗大学、华盛顿大学等知名学府进行学术交流并作公开学术报告。

不懈求索：真理就像星空一样浩瀚无垠

在科研探索的征途上，杨超充满了感恩。无论是对李言荣教授、熊杰教授，还是诺贝尔奖获得者Robert B. Laughlin教授，他都满怀敬仰和感恩。在他心目中，他们都是自己科研路上的领路人，是纯粹的学者。他们不仅在科研上为杨超提供指导和帮助，更在为人为学方面作出了示范和榜样。

在与师长、学者前辈的交流中，他逐渐明白，科研不能闭门造车，不能“躲进小楼成一统”，而应该不断交流学习、扩展视野。尤其是在美国斯坦福大学交流期间，他每天都与顶尖学者交流、每周都参加前沿学术报告，而且每场报告都有师生参与讨论，他笃信科研就是一件快乐的事情，这也进一步激发了他探索未知的兴趣。

杨超认为，自己目前的研究成果虽然对自己来说是里程碑，但在整个科学的海洋里只不过是一朵小浪花。面对已经取得的成绩，他说，成果和荣誉更是一种鞭策，在未来的探索中，他会更加深刻地扎根科研，做出更好的成绩。

02

【人物专访】
杨秉正："勤奋是天赋的催化剂"

杨秉正，电子学院2017级博士研究生，中共预备党员。本硕博均在电子科技大学就读，曾获得国家奖学金、人民奖学金、研究生学业奖学金等。已发表IEEE论文15篇，包括国际固态电路会议（第一作者）、集成电路领域顶级期刊IEEE *JSSC*（第一作者）在内的射频微波/集成电路领域顶级会议和顶级刊物论文8篇。以第一作者授权发明专利4项（含美国发明专利1项、欧洲发明专利1项）。斩获多项国内外重要奖项，如2021 IEEE Microwave Theory and Techniques Society 协会杰出博士生奖等（该奖项为IEEE授予射频、微波、毫米波、太赫兹等领域博士生的最高荣誉）。作为项目负责人，带领团队获得第七届中国国际"互联网+"大学生创新创业大赛研究生创意组银奖。担任IEEE *Microwaves and Wireless Component Letter* 和IET *Microwaves*, *Antennas & Propagation* 等高水平期刊审稿人。

2015年，刚进入大四的杨秉正在获得免试攻读研究生资格后，还处于对未来的迷茫中。在一次学术交流中，他与现在的研究生导师罗讯老师相遇，因被罗老师的个人魅力折服，杨秉正大四便加入了罗老师的团队，这也开启了他未来的创"芯"之路。与罗老师的单独交流中，杨秉正被问及了一个问题：你的梦想是什么？当时大四的杨秉正下意识回答：要在集成电路的技术发展史上留下自己的一席之地。

勤奋是天赋的催化剂

在同学和老师眼中，杨秉正是一个极其勤

奋和坚毅的人，自己认准了目标就绝不轻言放弃。他的研究方向是面向5G+/6G无线传输等领域的硅基高能效混合信号发射机技术。如何在硅基工艺上实现高能效、高速率的混合信号发射是一个世界性的难题。相比于传统的发射技术，因需要同时保证到数字域和模拟域的信号完整性，还要考虑系统的高能效和高速率，硅基高能效混合信号发射机技术难点大，需要的知识面更广。选择这个研究方向意味着极大的挑战。但杨秉正不怕苦不怕难，敢于人先，一步一个脚印地开始了自己的求索之路。

杨秉正在本科期间就常被同学称为“学霸”，每年成绩排名均在专业前3%。进入教研室之后更是废寝忘食，每天除了吃饭、睡觉，就在教研室。难得的是，杨秉正这数年来几乎每天都是如此。即使是周末和节假日，杨秉正也会待在教研室，或查阅文献，或仿真电路，或测试芯片。2019年和2021年的春节，因科研任务紧张，为了不错过代工厂宝贵的流片节点，杨秉正没有选择回家和父母团聚，而是毅然留在了学校，加班加点地开展技术攻关。除夕之夜，杨秉正坐在教研室中，看着窗外的万家灯火，更加坚定了自己一定要做出顶尖成果的决心。

不积跬步，无以至千里，经过日复一日的不断积累，杨秉正终于在2019年提出了一种高精度的相控阵发射机架构，发表在国际微波年会IMS上，并入选了学生论文竞赛finalist，获得了参会国内外学者的高度认可。接着在2020年，他又提出了首个能支持4096QAM的瓦特级数字化功率放大器，并发表在射频集成电路锦标赛IEEE Radio Frequency Integrated Circuits Symposium上。2021年，他发表了会议论文《一种高效率的瓦特级正交发射机》，这是电子科技大学在功率放大器领域发表的第一篇IEEE ISSCC论文。该成果获得了学术界、工业界的高度评价，并受邀在集成电路顶级期刊IEEE *JSSCC*上发表。

很多同学认为杨秉正天资聪颖，才能有这么多成果。但杨秉正自己认为，最重要的是勤奋，勤奋才是天赋的催化剂，只有自身的积累够了，才能量变引起质变。

创“芯”之路是实践之路

杨秉正深知“纸上得来终觉浅，绝知此事要躬行”的道理。在实验室进行技术攻关和科学研究的同时，也要立足于市场需求和应用前景，思考未来技术的发展趋势。杨秉正常常想，自己要做的是具有产业化价值、能落地的科研。所以杨秉正常常找机会与业界资深工程师们进行深入的技术交流。如与华为海思芯片设计团队和中芯国际工艺研发团队，探讨各项技术的发展前景和一些技术的产业化过程中可能会遇到的问题等。除此以外，杨秉正还去参观一些公司的实验室，包括到罗德与施瓦茨公司的实验室与实验室的测试团队进行交流等。与业界的交流，极大地开阔了杨秉正的眼界，让他能及时看到行业的发展趋势和技术难点，从而能够有针对性地开展科研工作。多年来与产业化应用高度结合的科研历程，使得杨秉正取得了一系列具有产业化价值的科研成果，相关先进技术已规模化应用于工业界消费电子领域，并获得学术界、工业界高度认可。2021年，杨秉正更是作为项目负责人，带领团队在第七届中国国际“互联网+”大学生创新创业大赛研究生创意组获得银奖。

2021年度成电杰出学生答辨会上的杨秉正

“芯芯”之火可以燎原

成长至今，正是因为受到了包括研究生导师在内的多位恩师的指导，和众多同学无私的帮助与支持，杨秉正才能在自己的创“芯”之路上披荆斩棘，取得现在的成果。这也促使杨秉正忘我奉献，带动同学们一起在创“芯”之路上前行，一起为解决祖国集成电路“卡脖子”难题而奋斗 。在团队内，杨秉正总是耐心地和同学们一起讨论问题，引导同学们独立自主地发现问题和解决问题，并在同学们遇到困难时能提供有力的支持，帮助同学度过难关。除此以外，杨秉正还协助导师，管理和指导其他同学的科研项目，在国际微波领域顶级刊物IEEE *MWCL* 期刊论文，发表国际微波领域第一会议IEEE International Microwave Symposium上发表论文等，同时获得中国授权发明专利一项。几年来，杨秉正发挥自己的带动作用，助力身边同学的成长，“芯”火相传，“芯芯”之火已能成燎原之势，更多的集成电路人已投身于祖国的集成电路事业。

03

国奖学生风采

2021年国奖获奖列表

序号	姓名	学生类型	专业	导师	序号	姓名	学生类型	专业	导师
1	程　蕾	博士	电子科学与技术	向全军	25	文　章	硕士	电子科学与技术	林先其
2	彭　睿	博士	电子科学与技术	苏　桦	26	余昊阳	硕士	电子与通信工程	赵志钦
3	张　芹	博士	电子科学与技术	苏　桦	27	苏　哲	硕士	电子科学与技术	陈远富
4	王　滨	博士	材料科学与工程	陈远富	28	杨进宇	硕士	电子科学与技术	万中全
5	王　崭	博士	电子科学与技术	董元旦	29	苏豪凯	硕士	电子与通信工程	李　颉
6	文丹良	博士	电子科学与技术	张晓升	30	翟雨轩	硕士	电子科学与技术	王　钊
7	许晓锐	博士	电子科学与技术	陈万军	31	谢裴曜	硕士	电子信息	赵　陶
8	万易鑫	博士	电子科学与技术	王建勋	32	韩明成	硕士	电子科学与技术	段兆云
9	马伯远	博士	电磁场与微波技术	潘　锦	33	崔进京	硕士	电子科学与技术	张晓升
10	程　洋	博士	电子科学与技术	董元旦	34	曹天豪	硕士	电子科学与技术	张　勇
11	石　梁	博士	电子科学与技术	张怀武	35	邝建军	硕士	电子科学与技术	明　鑫
12	程仁杰	博士	电子科学与技术	李天明	36	李聪毅	硕士	电子科学与技术	王忆文
13	阳棖均	博士	电子科学与技术	孙　胜	37	王梓霖	硕士	电子科学与技术	贺雅娟
14	刘　强	硕士	集成电路工程	王建勋	38	张辰希	硕士	电子科学与技术	王忆文
15	刘智航	硕士	电子科学与技术	徐　勇	39	张振翼	硕士	电子科学与技术	王　政
16	李　鑫	硕士	电子与通信工程	柳建龙	40	方浩原	硕士	电子科学与技术	王忆文
17	杜兴政	硕士	电子科学与技术	康　凯	41	刘姝璇	硕士	电子信息	董元旦
18	关　芳	硕士	电子与通信工程	陈骏莲	42	邹欣峻	硕士	电子信息	宋开军
19	张鸿桥	硕士	电子科学与技术	徐开凯	43	王　熙	硕士	电子科学与技术	董元旦
20	梁明昊	硕士	电子科学与技术	钱凌轩	44	林枋艳	硕士	电子信息	罗军生
21	马　臻	硕士	电子科学与技术	罗小蓉	45	王孟博	硕士	材料与化工	廖宇龙
22	赖静雪	硕士	电子科学与技术	陈万军	46	万胡杰	硕士	电子科学与技术	文岐业
23	吴　旸	硕士	电子科学与技术	乔　明	47	徐嘉鹏	硕士	电子信息	金立川
24	许艺珍	硕士	电子与通信工程	董元旦					

程蕾　博士研究生

导师：向全军教授

个性签名：执行力远大于天资。

人物简介：程蕾，2019级博士研究生，师从全球高被引科学家——向全军教授，主要研究内容为半导体光催化材料的制备及其在太阳能转化方面的应用。博士期间获得国家奖学金2次、一等学业奖学金2次、电子科技大学“学术新秀”等荣誉。2021年，获得国家公派出国留学资格赴新加坡国立大学进行CSC博士联合培养。2022年，四川省科技创新创业苗子工程重点项目负责人。截至目前，以第一作者在*Advanced Materials*、*Energy & Environmental Science*、*Small*、*Journal of Physical Chemistry Letters*、*Solar RRL*等期刊发表或录用论文10篇，获授权发明专利2项。在向教授的指导下，以程蕾为第一作者和电子科技大学为第一单位在美国化学会刊物*Journal of Physical Chemistry Letters*刊发“Two- Dimensional Transition Metal MXene-Based Photocatalysts for Solar Fuel Generation”论文，该论文受到编辑和同行评审专家的高度认可，被该刊选定为正封面论文。

彭睿　博士研究生

中共党员

导师：苏桦教授

个性签名：有趣有盼并热泪盈眶。

人物简介：彭睿，2019级博士研究生，主要研究方向为低温共烧陶瓷（LTCC）与元器件的研究。现任IEEE学生会员，中国电子学会会员，中国材料研究学会会员。曾获2018、2020、2021年研究生国家奖学金，2017、2018、2020、2021年研究生学业一等奖学金，2017年四川省优秀大学毕业生，2018、2020、2021年优秀研究生、2019年优秀研究生干部、2021年四川省综合素质A级证书，被评为2021年学术新秀，目前赴麦吉尔大学联合培养。攻读博士学位期间，承研国家自然科学基金面上项目1项，省部级重点项目2项。多次深入合作企业一线，担任材料工程师、工艺工程师和器件工程师。在无线充电磁片材料及模块的研发工作中，作为主研人员，建立了具有高致密度高磁导率低损耗铁氧体材料的流延模型，成功研制出高性能无线充电材料及模块，综合性能指标通过第三方权威机构检测，当年投入生产，累计创造产值1000余万元，该样品已送至美国高密度电子中心使用。目前，在相关学术领域，以第一作者身份在*Journal of the American Ceramic Society*、*Journal of Magnesium and Alloys*、*Ceramics International*、*Journal of Advanced Ceramics*等功能陶瓷类顶级期刊发表论文近10篇，申请发明专利5项，参编省部级规划教材1部，参加国际会议3次，同时担任*Journal of Alloys and Compounds*、*Journal of Advanced Ceramics*等多个期刊审稿人。

张芹　博士研究生

中共党员

导师：苏桦教授

个性签名：路漫漫其修远兮，吾将上下而求索。

人物简介：张芹，电子学院电子科学与技术专业2019级博士研究生。主要研究方向为微波介质陶瓷低温改性及应用研究。目前共发表学术论文10篇，含SCI论文9篇（均为JCR二区及以上期刊），EI检索国际会议1篇。2021年，获得博士研究生国家奖学金、学业一等奖学金、优秀研究生等奖励和荣誉。

向心而行，整装待发

蜕变是一个过程，褪去柔弱的外表获得一颗坚毅的内心。2019年，张芹跨学科进入电子科技大学电子学院学习，在最开始的新奇过后，如何选定方向并开展博士期间的研究成为摆在面前的第一道难题。在导师苏桦教授的热心指导和鼓励下，她翻阅了大量文献资料，最终选择了微波介质陶瓷低温改性及应用研究作为自己博士期间的研究方向。

大道至简，实干为要

走上科研的道路，便选择了从寝室到实验室“两点一线”的生活，也意味着要像蜗牛一样，坚定不移，朝着自己目标一步步挪动，只为更贴近梦想一寸。科研生活并没有想象中的那么顺利，由于跨学科，相关专业知识储备不足，张芹的科研许久未能取得实质性进展，无论是吃饭、走路，她脑海里一直都是实验方案和性能分析。经过不断地钻研与尝试，她终于在博一上学期快结束的时候取得了突破，并成功发表了第一篇SCI论文。

征途不停，臻于至善

对于接下来的科研学习，她表示，只要勤奋努力，认真钻研，同时不畏困难，敢于探索，那么科研之路便会越走越远。

王滨　博士研究生

中共党员

导师：陈远富教授

个性签名：用心生活，用力工作。

人物简介：王滨，电子学院博士研究生，研究方向为纳米低维结构材料与器件。博士在读期间，王滨已在 *Chem. Eng. J.*，*J. Mater. Chem. A*，*Journal of Power Sources* 等期刊以第一作者发表JCR一区论文7篇，其中1篇被评选为ESI前0.1%热点论文。以通讯作者发表SCI论文2篇，共同第一作者论文3篇，发表国际会议论文1篇，申请中国专利2项。2021学年，先后荣获博士研究生"学术新秀"奖、优秀研究生称号、年度博士研究生国家奖学金和学业一等奖学金；被评选为2022届四川省优秀毕业生和电子科技大学优秀毕业生。

提到自己博士期间所取得的成绩时，王滨坦言，导师陈远富教授对其有很大的帮助和影响。特别是入读博士前期，由于自己硕、博两阶段的研究方向完全不同，在课题入门时自己一度有过迷茫、困顿、不知所措。而这一难熬的过程正是在陈远富老师的鼓励和引导下顺利渡过的。当自己科研进展比较顺利的时候，陈老师又会时常提醒自己改进不足。据王滨所说，自己电脑显示屏左下角一直都贴了张写着"拖延"和"粗心"的便利贴，这也是陈老师经常跟他提到的不足之处。正是导师在科研生活中的激励和提醒让王滨在博士期间时刻保持"胜不骄，败不馁"的心态，从而取得了自己满意的成果。

讲述到自己一路走来所信奉的人生箴言时，王滨说有三句话让他在学习和生活中受益良多。第一句是"法乎其上，得乎其中"，这句话让他明白要尽量以广阔的视野和更高的维度去制定目标，在过程中以高要求来合理地减小既定目标与实际成果间的落差。第二句是"心之所向，素履以往"，这一信条伴随他十多年的学习生涯。最后一句是"雷霆雨露，俱是天恩"，他讲述道，自己一路走来，经历了顺利和坎坷，慢慢地学会了用平常心对待生活中的"不如意"和"小磨难"，懂得了世间一切际遇都是人生成长和人格完善所必要的，渐渐地也拥有了遇到困难时"逢山开路，遇河架桥"的心态。

王崭　博士研究生

中共党员

导师：董元旦教授

个性签名：合理的要求叫训练，不合理的要求叫磨炼！(West Point)

人物简介：王崭，电子科技大学电子学院微波工程系2020级博士研究生，师从国家高层次人才、四川省特聘专家、博士生导师董元旦教授。

王崭本科毕业于西南交通大学电气工程学院。因为一次偶然，他接触到雷达辐射源分选识别。三年前，他怀着对雷达电子对抗的向往，离开熟悉的环境，毅然跨专业申请了电子科技大学的研究生。也正是这次从本科到研究生的选择，他从控制工程转到电磁场，从铁道电气化控制跨越到天线。在过去三年的学习中，他放弃了丰富的课余时间，成为一个"无趣"的人，将大部分时间投入到科研项目和工程任务上，让自己能有更好的准备去实现自己的梦想。

在董元旦教授的指导下，王崭专注于面向工程应用的电磁超材料天线和低成本相控阵的研究与设计。目前在相关学术领域，王崭以第一作者发表SCI期刊论文17篇，其中11篇发表在天线与传播领域顶级期刊上，6篇为重要国际会议论文。申请发明专利10项（已授权3项）。作为主要参研人员参与了两项纵向课题和5项企业横向工程任务，其中多个设计已被项目企业采纳，并进入批量生产阶段。在研究生期间，他曾获得博士国家奖学金、学业一等奖学金、优秀研究生、博士"学术新秀"、优秀共产党员等奖励和荣誉。

文丹良　博士研究生

中共党员

导师：张晓升教授

个性签名：努力可以赚取幸运。

人物简介：文丹良，电子科技大学电子学院2018级博士研究生，主要研究方向为微纳智能传感技术、自供电智能集成微系统。他坚定科技兴国的信念，潜心科研，对党忠诚，不忘初心，以“实事求是，坚持不懈”的科学素养勉励自己，志在做一个有理想、有实力、有担当的科研人。攻读博士学位期间，文丹良作为项目学生负责人或项目骨干参与国家级、省部级以及横向项目共5项，并在导师指导下与团队成员一起攻克多个项目难题。目前，文丹良以第一作者身份发表SCI收录的中科院一区期刊论文5篇，另有在投论文2篇。以学生第一作者申请国家发明专利5项，已授权3项。累计参加国际会议4次，其中2次录用为口头报告（Transducers2019，IEEE International Conference on Nano/Micro Engineered and Molecular Systems 2021），并以第一作者发表会议论文1篇。参与撰写Wiley出版社出版的英文专著1本。获得2021年、2020年博士研究生国家奖学金、2021年度“卢嘉锡优秀研究生”奖学金（全国共24个）、四川省优秀毕业生、四川省大学生综合素质A级证书、校优秀共产党员、校优秀毕业生、校学术新秀、学业一等奖学金（2次）、VEH2021最佳海报奖、iCANX全国研究生学术联赛总决赛季军等奖励和荣誉称号。

许晓锐　博士研究生

共青团员

导师：陈万军教授

个性签名：业精于勤，荒于嬉；行成于思，毁于随。

人物简介：许晓锐，本科时参加电子学院开展的“菁英计划”项目，在时任班导师陈万军教授的引导下踏进科研的大门。在陈老师的悉心教导下，他顺利地完成“菁英计划”项目并发表1篇SCI论文，获得研究生免试资格。本科毕业后，他加入了陈老师所在的功率集成技术实验室（PITEL）攻读硕士。PITEL是电子科技大学电子薄膜与集成器件国家重点实验室的三大主要学术研究方向之一，团队致力于功率半导体科学与技术研究。进入教研室后，他在陈老师的指导下专注于功率半导体器件与应用的研究，期间更是有幸得到了李肇基教授的指导。研一期间，他在学科顶级期刊IEEE *Electron Device Letters* 和 IEEE *Transactions on Electron Devices* 上各发表了1篇论文，获得了硕博连读的资格。在刚进入博士阶段，新起点的压力一度让他陷入迷茫。所幸在陈老师的鼓励下，他摆脱了消极状态，重拾对科研热情和初心，相继在IEEE *Transactions on Power Electronics* 和 IEEE *Transactions on Industrial Electronics* 上发表4篇论文，并斩获了“学术新秀”“博士国家奖学金”等多项奖励。

万易鑫　博士研究生

共青团员

导师：王建勋教授

个性签名：既自以心为形役，奚惆怅而独悲

人物简介：万易鑫，2020级博士研究生，曾荣获得硕士研究生国家奖学金，博士研究生国家奖学金以及多次一等奖学金。参与国家科技重大专项2项，参与研制出国际上首个连续波带状注行波管，参与某小型主动拒止武器系统核心器件的实验测试。博士期间作为共同作者在IEEE *Transactions on Terahertz Science and Technology*，IEEE *Transactions on Microwave Theory and Techniques*，IEEE *Transactions on Electron Devices*，IEEE *Electron Device Letters*等学科顶级期刊发表论文6篇，发表会议论文7篇，含第一作者/学生第一作者发表的SCI论文3篇，其中1篇获得编辑推荐封面文章。参加学科国际顶级会议2次。申请国家发明专利4项。硕士期间参加校研究生会，并获得“部门之星”“研会之星”“优秀研究生干部”等称号。同时担任学院导学助理，负责学院、团队导师与学生之间的沟通。万易鑫喜欢古典哲学特别是中国古典哲学，本科期间便以一篇名为《对老子中有争议处的逻辑分析》获得了西北大学第二学位。

马伯远　博士研究生

导师：潘锦教授

个性签名：爪牙待利，筋骨未强，任重而道远。

人物简介：马伯远，博士研究生。2018—2021年以第一作者，分别在领域顶级期刊IEEE *Transactions on Antennas and Propagation*发表论文6篇，在IEEE *Antennas and Wireless Propagation Letters*发表论文1篇，在二区SCI期刊发表论文4篇；主持申请发明专利若干，并获国内专利授权2项，申请国际专利2项；以志愿者和报告人的身份多次参加国际会议，并做特邀报告1次。

马伯远在校期间专业成绩优秀，2019年，专业排名第二，获博士一等学业奖学金及专项奖学金，入选学校博士生资助计划，并获得全额资助；2020年，专业排名第三，获博士一等学业奖学金及专项奖学金，入选学校“优博计划”；2021年，专业第一，获博士国家奖学金及博士一等学业奖学金，入选学校“学术新秀”。

在个人的博士课题之外，马伯远还参与了多项科研项目，为学术研究的成果转化助力。学习期间，马伯远积极与同业界学者进行交流，交换彼此对研究方向及领域的见解，以培养自己的交流能力及拓宽学术视野。在团队中，他尽可能地为学弟学妹们提供帮助，提升团队的凝聚力，营造积极向上的团队氛围。在生活上，马伯远积极参加体育锻炼，坚持规律的健身习惯，为学习与工作打下了良好的基础。

程洋　博士研究生

导师：董元旦教授

个性签名：永远相信美好的事情即将发生。

人物简介：程洋，电子学院电磁场与微波技术方向2021级博士研究生，师从国家高层次人才、四川省特聘专家、博士生导师董元旦教授。

程洋本科毕业于电子科技大学，荣获电子科技大学“优秀毕业生”称号。本科期间成绩优异，以专业排名第二的成绩保送至电子科技大学攻读研究生学位。本科期间多次参加科技竞赛，获得2017年全国大学生电子设计竞赛全国一等奖。

程洋在大四下学期便进入了课题组，在导师董元旦教授的悉心指导下努力科研，不断探索与进取，参与多个课题组项目。为了更深入地研究科研项目，2021年，程洋转为博士。在2020—2021学年以第一作者在天线领域国际顶级期刊IEEE *Transactions on Antennas and Propagation*（*TAP*）发表论文2篇，在IEEE *Antennas and Wireless Propagation Letters*（*AWPL*）发表论文3篇，他和组内同学合作，作为共同第一作者在IEEE *TAP*发表论文1篇，在IEEE *AWPL*上，作为共同第一作者发表论文2篇；参加2020 Asia-Pacific Microwave Conference国际会议并作口头汇报。

石梁　博士研究生

中国党员

指导老师：张怀武教授

个性签名：初心不改，虽远不怠。

人物简介：石梁，2018年获优秀研究生一等奖学金，2019年获博士研究生新生一等奖学金，2020年获博士研究生二等等奖学金。

2017年，石梁考入电子科技大学攻读硕士学位，研究生期间获得一等奖学金，并以优异的表现在2019年通过硕博连读申请，师从张怀武教授，专注于毫米波通信介电陶瓷的制备和应用研究。在科研中，他大量阅读国内外优秀论文，通过不断地实验，在实践中发现问题总结问题，同时不畏困难，敢于进行新实验、新方向的探索。博士期间，分别在*Journal of the European Ceramics Society*（JCR一区）和*Ceramics International*（JCR一区）国际期刊上发表多篇期刊论文。在做好自己的本职科研工作外，石梁参与了国家高技术研究发展计划（863计划）项目，设计和实现了对滤波器高通量测试，完成了滤波器高通量测试的系统搭建，基于此，申请并获得了两项专利的授权。为了开拓国际视野，提高科学研究水平，2021年，他成功申请到电子科技大学公派留学资格，赴新加坡南洋理工大学进行访学交流。科研之路是漫长的，虽然前进的步伐缓慢，但石梁一直坚持着，热爱着。他始终抱着乐观的心态相信实验一定能够成功，认认真真做好实验的每一个步骤，踏踏实实做好每一件平凡的小事。

程仁杰　博士研究生

中共党员

导师：李天明教授

个性签名：纵有疾风起，人生不言弃。

人物简介：程仁杰，2018年加入电子科技大学微波毫米波系统与应用团队，师从李天明教授，致力于相对论磁控管、超辐射相对论返波管等高功率微波源的研究。硕士、博士期间分别接受学校与中国工程物理研究院、西北核技术研究院的联合培养，参与多项国家级科研项目。在攻读博士学位的一年多时间里，已在IEEE *Transactions on Electron Devices*、*Physics of Plasmas*等SCI收录的学科顶级期刊发表论文6篇，其中以第一作者发表4篇，申请相关国家发明专利2项。2019年参加学术会议（IET Ph. D Candidates Academic Seminar（China）on Vacuum Electronics）并进行口头报告，2021年受邀在重要国际会议（IEEE International Vacuum Electronics Conference）上就相对论磁控管相关课题进行专题报告。

科研之余，他有着丰富的业余生活及兴趣爱好，旅游、骑行、唱歌、弹吉他等。除此以外，他还是一名狂热的跑步爱好者，每月跑量300公里以上。截至目前已完成全马两场，半马三十余场。这些使他在生活、科研之路上的每一步都更加坚定。

阳棂均　博士研究生

导师：孙胜教授

个性签名：我曾踏足山巅，也曾进入低谷，两者都让我受益良多。

人物简介：阳棂均，生活中积极向上，即使遇到挫折，也永远保持乐观的心态。喜欢运动，爱好街舞和下棋，并曾获校象棋团队赛冠军。在面对外界的干扰时，却未迷失本心，依然保持着对知识的渴望与热爱。面对问题，喜欢探究表象背后的基本原理与物理规律，这种发自内心的对事物本质的求知欲也是他学习的动力源泉。在教研室里，他乐于帮助学弟学妹们梳理基础专业知识；利用业余时间在网站上转发和制作科研视频，开展了一系列超表面零基础教学视频，对超表面的理论和实际给出了详细的说明和指导，视频得到了2000多的关注量和上十万的播放量。研究生阶段，阳棂均发表了4篇期刊论文、3篇会议论文，申请了2项专利。曾受邀作会议特邀报告，在3篇一区期刊论文中，2篇发表在本领域顶级期刊IEEE *transaction on antenna and propagation* 上，另一篇成果以"Manipulation of Orbital Angular Momentum Spectrum Using Shape-Tailored Metasurfaces"为题发表于国际重要学术期刊*ADVANCED OPTICAL MATERIALS*上，并被选为正封面论文。

刘强　硕士研究生

导师：王建勋教授

个性签名：悟已往之不谏，知来者之可追。

人物简介：刘强，2019年6月获得电子科技大学集成电路设计与集成系统专业学士学位，同年9月入学电子科技大学攻读集成电路工程硕士学位。在王建勋教授的指导下进行带状注行波管高效互作用技术的研究。

2020年11月9日作为第二学生作者申请国家发明专利“一种适用于大功率工作的行波管慢波结构”。

2020年11月27日参加国内会议2020年真空电子学博士生学术论坛(2020 IET Ph.D Candidates Academic Seminar（China）Vacum Electronics)，以第一作者发表“Research on the Efficiency of Beam-Wave Interaction of Full-Period Phase Velocity Tapering Structure of SBTWT”会议论文，作口头汇报并获得Best Oral Presentation Award。

2021年4月29日参加重要国际会议IEEE International Vacuum Electronics Conference，以第一作者发表“Investigation on Algorithm of All-period Optimization of Sheet Beam Traveling-wave Tubes”会议论文，并作口头汇报。

2021年9月28日以第一作者在IEEE *Transactions on Electron Devices*发表期刊论文“Investigation of High Interaction Efficiency of Sheet Beam TWT Based on All-Period Optimization and Beam Bunching Analysis”。

刘智航　硕士研究生

导师：徐勇教授

个性签名：寻找自己的热爱，并永远热爱生活。

人物简介： 刘智航今年研三，他是一个阳光男孩，脸上总是挂着微笑，走在校园里随时都可能听见他欢快的口哨声或歌唱声。遇到同学老师，他总是热情礼貌地打招呼。

刘智航喜欢篮球，本科时期就作为主力队员在学校篮球协会训练，在研究生期间继续参与篮球队的训练，随队代表学校出征四川省CUBA篮球二级联赛比赛。在学校里，他带领的小队也一直是学校3v3比赛冠军，在研一的时候，曾代表电子学院获得了“芯原杯”研究生篮球比赛的冠军。说起篮球时，他总是充满自豪。

在科研课题上，他也在不断努力。结束研一的课程学习后，他就投入到了教研室的课题研究中，研究有关大功率回旋行波管的相关内容，并在课题上做出了一定的创新，在徐勇教授的指导下以学生第一作者的身份在IEEE *TRANSACTIONS ON ELECTRON DEVICES*发表论文“Design and Experiment of a 200-kW Q-Band Gyro-TWT”。

此外，刘智航还有着非常多的兴趣爱好，如看小说，画速写，或在成都的街头寻找地道的美食。他觉得这些和打篮球一样，让他对生活就充满热爱。

李鑫　硕士研究生

预备党员

导师：柳建龙副教授

个性签名：以渺小启程，以伟大结束。

人物简介：李鑫是电子学院物理电子系硕士研究生，2019级15班副班长。在课程学习上，由于本科专业和硕士的研究方向不一致，他从最基础的电磁场与电磁波开始自学，课堂上他认真努力，一丝不苟，课下经常与同学老师讨论问题，对待知识不求甚解，多次被评为优秀研究生。

最开始进入课题组时，他对实验室常用的仿真软件和实验仪器一窍不通，对课题组的研究方向也一知半解。为了能尽早参与进来，他经常观摩并记录师兄师姐们做实验的每个步骤，利用空余时间学习仿真软件的使用，在师兄师姐的指导下认真研读领域内的相关文献。导师将这些努力看在眼里，随后让他承担了一项装备预研实验室重点基金项目。从项目的申请到结题，从元器件加工、测试再到撰写报告，在老师的悉心指导下，虽然历经坎坷，他最终交上了一份令人满意的答卷。除此之外，李鑫还协助他人完成一项国家自然科学基金项目的器件加工，测试等任务。截至目前，李鑫已申请实用新型专利1项，在*Sensor*杂志上发表论文1篇，在IEEE *ELECTRON DEVICE LETTERS*发表论文一篇。由于他在学习和科研中不畏艰苦，奋发进取，李鑫获得了2021年度的国家奖学金，他这种勇攀科研高峰的精神也带动和影响了课题组的其他同学，并得到了大家的一致认可。

杜兴政　硕士研究生

中共党员

导师： 康凯教授

个性签名： Love life, have fun, work hard and be kind.

人物简介： 杜兴政在研究生学习期间勤奋学习、潜心科研、勇于创新。科研方面，他在学科顶级期刊IEEE *Transactions on Microwave Theory and Techniques* 发表论文1篇，在SCI检索期刊 *Microwave and Optical Technology Letters* 上发表论文1篇。

科研之余，他投身教学与学生活动，表现出较强的学习能力、团队意识和责任感。2019年9月至2020年1月，他担任电子科技大学格拉斯哥学院大四课程VLSI Design的助教，得到了老师和同学的一致好评。2020年7月，他担任电子科技大学格拉斯哥学院2020级通信微电子专业6班的导生，帮助新入学的大一新生们快速适应大学生活，陪伴同学们每天的早晚自习，提升他的组织能力和解决问题的能力。2021年3月起，他担任电子科技大学格拉斯哥学院Electromagnetic Field and Microwave Technology的课程助教，再次丰富自己教学活动的经验。

课余生活中，他爱好拉手风琴，下围棋，打篮球，并积极参加社会志愿活动，曾获得河北省“三下乡”社会实践助力脱贫攻坚行动社会实践先进个人。

关芳　硕士研究生

预备党员

导师：张晓升教授

个性签名：当外在压力增加时，就应增强内在动力。

人物简介：关芳，2019级硕士研究生，以专业排名第2的成绩获得电子学院电路与系统方向2021年度国家奖学金。曾获电子科技大学“学术青苗”荣誉称号。

她的研究方向是智能微纳光学传感，以学生第一作者发表名为“Tunable Magnetic Fano Resonances on Au Nanosphere Dimer-Dielectric-Gold Film Sandwiched Structure”SCI期刊论文1篇，以学生第一作者申请发明专利1篇，第二作者申请发明专利1篇。

她对科研保持着一颗赤诚热忱之心，不断探索。在教研室里，她热心给师弟师妹们答惑解疑，和同学们积极交流，互相进步。此外，她还担任电子学院R&S俱乐部事务部副部长，在学习科研之余培养兴趣爱好，并帮助组织促成多项科研赛事活动。未来，她也将继续保持积极的科研状态，不断提高自己，脚踏实地心怀感恩地迎接未来的每一天。

张鸿桥　硕士研究生

导师：徐开凯教授

个性签名：不要急躁，凝聚力量，保持干劲。

人物简介：张鸿桥积极投身于科研工作，2021年参与了两项科技项目，并在其中担任了学生主干角色。他多次出差前往研究所展开芯片流片和测试工作，尽管遇到很多困难，也并没有气馁，而是虚心向研究所的专家和导师请教，在他们的帮助下破解了难题。同时，他积极调动其他同学的科研参与积极性，组织开展了多次会议讨论，和大家共同进步，在研究组内形成了互帮互助的良好氛围，更好地推动了项目的进展。在研究生导师的细心教导和同门师兄弟的热情帮助下，两项科技项目顺利结题。他整理和总结项目成果后，分别在IEEE *Electron Device Letters* 和 *Nano Research* 上发表论文。他也获得了研究生学业奖学金一等奖。

梁明昊　硕士研究生

导师： 李雪松教授、钱凌轩副教授

个性签名： 从不缺从头再来的勇气。

人物简介： 梁明昊，2019级硕士研究生，两年前考入电子科技大学电子学院，开始他的研究生之旅。入学时，他是个成绩平平的男生，研究生一年级时的期末测评成绩更是让他看到了自己与优秀学生的差距，他暗下决心努力奋斗。研究生二年级时，他正式进入低维材料与器件实验室，从事卷对卷化学气相沉积制备石墨烯的工艺研究。期间，他将所有的时间投入到科研项目上，积极向导师和师兄师姐们请教，努力实现自己的梦想。最后，他仅用一个学期的时间便完成了自己的科研计划，以第一作者的身份在 *SCIENCE CHINA Materials*（JCR一区）期刊上发表论文“Investigation on graphene growth by roll-to-roll chemical vapor deposition”，以第二作者的身份在 *iScience*（JCR一区）期刊上发表论文“A Time-Space Conversion Method for Material Synthesis Research”，并获得了2021年硕士研究生学业一等奖学金、2021年硕士研究生国家奖学金、2022届校优秀毕业生和2022届四川省优秀毕业生的荣誉称号。

马臻　硕士研究生

中共党员

导师：罗小蓉教授

个性签名：keep your chin up!

人物简介：2015年，马臻来到电子科技大学，在本科阶段便提前进入实验室进行科研学习，感受科研氛围。2019年，她凭借良好成绩获得了研究生免试资格，选择继续留在电子科技大学攻读硕士学位。在硕士学习期间，她认真学习相关课程，学科成绩名列前茅，曾获得研究生新生入学一等奖学金、2020年硕士研究生国家奖学金、2020年硕士研究生学业一等奖学金，并被评为研究生"学术青苗"。

作为研究生，她也深知科研学习的重要性。她广泛阅读相关领域的文献，认真钻研，在导师和师兄师姐的指导与帮助下，取得了丰硕的研究成果。目前，她以学生第一作者身份在功率半导体器件领域顶级会议The 33rd International Symposium on Power Semiconductor Devices and ICs上发表会议论文1篇，在IEEE *Transactions on Electron Devices*（SCI收录）上发表期刊论文1篇，在IEEE 2021 IEEE Electron Devices Technology and Manufacturing会议上发表论文1篇。另外，还申请了发明专利5项（含学生第一作者2项），且均已授权。同时，作为模拟集成电路重点实验室/四川省应用基础研究重点项目主研人员，她在项目推进中发挥了不可或缺的作用。

赖静雪　硕士研究生

预备党员

导师：陈万军教授

个性签名：永远年轻！永远热泪盈眶！

人物简介：赖静雪本科就读于电子科技大学微电子科学与工程专业，于2019年经免试推荐进入本校的电子科学与技术专业继续深造。在两年多的硕士生涯中，她在各个方面都有了较大的收获。思想方面，她遵纪守法，积极进取，努力向党和国家靠拢，并于2021年6月份正式成为一名光荣的中共预备党员。生活方面，她团结同学，积极参与团队活动，热心帮助同学解决学业和生活中的问题，并组织学习小组与教研室同学一起讨论学习专业知识，与同学们共同进步。科研方面，她严谨好学，态度端正，紧跟科研项目进度，积极配合老师工作，潜心于氮化镓功率集成电路和器件可靠性的研究，并在导师和师兄的指导与帮助下，以学生第一作者身份在*SCI*期刊IEEE *TRANSACTIONS ON ELECTRON DEVICES*上发表论文1篇，以学生第一作者身份在国际重要会议IEEE International Conference on IC Design and Technology上发表论文1篇，以学生第一作者身份申请国家专利1项，以第一作者身份在《电子与封装》杂志发表论文1篇，并在2021年获得了“学术青苗”称号。她还参加了2021年8月举办的全国研究生创“芯”大赛，并与整个小组成员共同努力，成功进入决赛。

吴旸　硕士研究生

导师：乔明教授

个性签名：可以驻足欣赏风景，但不能忘了再度启程。

人物简介：读研期间，吴旸表现良好，在各方面严格要求自己，认真学习，积极参与科研活动，不断进取，待人诚恳。

在思想品德方面，他政治立场正确且坚定，坚持党的领导，坚决拥护党组织，在思想和行动上积极向党组织靠拢。他热爱集体，主动参加学校、学院的各项活动，努力配合班委工作，积极维护班级荣誉。

在学习方面，他学习态度端正，刻苦努力，在专业领域上不断深耕，提高专业水平。

在科研方面，他始终保持端正谦虚、科学严谨的态度，积极配合老师的科研工作，刻苦钻研，不断积累专业知识，提高自己的科研能力。在此过程中，他善于发现并解决问题，并且不畏困难，敢于进行新实验，探寻未知的领域。此外，他还积极参加学术活动，从多方面了解相关科学知识和其他前沿科学信息。在研二期间，以学生第一作者在IEEE *Electron Device Letters*上发表论文1篇，同时申请国家发明专利5项。

在生活方面，他严以律己，宽以待人，严格以身作则，和大家真诚相处，相互帮助，共同进步，建立了良好的人际关系，得到了大家的尊重和支持。

许艺珍　硕士研究生

中共党员

导师：董元旦教授

个性签名：如果没有接纳看不到海岸的勇气，就绝无法横渡大海。

人物简介：许艺珍，2019级硕士研究生。攻读硕士学位期间，在导师的指导下，主要针对阵列天线、MIMO天线等方向进行研究。她曾担任电子科技大学电子学院微波工程系第十一党支部宣传委员。研二时，她以专业年级第3名的成绩获得国家奖学金及电子科技大学学业一等奖学金，同时获得电子科技大学“学术青苗”称号等。研三时，她再次以专业年级第1名的成绩获得国家奖学金及电子科技大学学业一等奖学金。她以第一作者身份发表了4篇二区SCI期刊论文，1篇四区SCI期刊论文，2篇国际会议论文。另外，作为主要研究人员参与了华为技术有限公司横向项目。科研学习之余，她也热爱艺术探索，如芭蕾、绘画及架子鼓等。

文章　硕士研究生

预备党员

导师：林先其教授

个性签名：所谓自律，是以积极而主动的态度，去解决人生痛苦的重要原则。

人物简介：文章，2019级硕士研究生，师从林先其教授，就读于电子科技大学电子学院电子科学与技术专业，主要研究方向为基于时频域调制的微波消融天线研究。在校期间，尊重师长，与同学相处融洽，互帮互助。他以优良的成绩完成了学校设置的公共学科以及专业课程学习。

就读期间，他积极参与多项科研项目，以第一学生作者申请中国发明专利4项，以第二学生作者申请中国发明专利7项，申请国际PCT专利1项。在国内外期刊以及学术会议上发表论文5篇，其中以第一作者分别在IEEE *Antennas and Wireless Propagation Letters* 和 *Chinese Physics B* 上发表期刊论文各1篇，以第一作者在2020 Asia-Pacific Microwave Conference上发表A类国际会议1篇并作汇报。获得电子科技大学研究生新生入学三等奖学金1次，硕士研究生学业一等奖学金1次。获得电子科技大学"优秀研究生"和"学术青苗"称号。

余昊阳　硕士研究生

导师： 赵志钦教授

个性签名： 不尝试，固然不会失败，但也绝不会成功。

人物简介： 余昊阳，本科就读于电子科技大学，免试保送读研后从事微波致热声成像重构算法方面的研究。经过两年的科研训练与认真学习后，他提出了一种根据反演图像特征的非均匀特性估计方法，在不引入额外硬件且不急剧增加计算复杂度的条件下，大幅提高了反演图像的目标对比度并对环境噪声和伪影进行了抑制。经过仿真与实验验证了该方法的有效性后，他将相关研究成果总结为一篇论文发表在期刊 *Applied Physics Letters*（SCI 二区）上。除此之外，余昊阳还作为一个国家自然科学基金项目（项目号：61871083）的研发主力，帮助项目顺利推进。

生活中，余昊阳始终保持着积极向上的心态，时刻以严格的标准要求自己，努力使自己做到全面发展，成为一名优秀的研究生。

苏哲　硕士研究生

预备党员

导师：陈远富教授

个性签名：宽以待人，严于律己。

人物简介：苏哲，电子科技大学2019级研究生，主要从事电催化材料的研究，截至目前，以第一作者或共同第一作者发表SCI论文2篇，以第二作者发表论文2篇。获得2021年国家奖学金、学业奖学金一等奖，并被评为2022届校级优秀毕业研究生、2022届省级优秀毕业生。

学习上，苏哲是一个喜欢刻苦钻研的人，同时也是一个追求完美的人。在日常的科研工作中，他总是力求将自己的工作做到最好，哪怕多费一些时间，也要努力地去探索新的高度。科研工作不是一帆风顺的，而对于科研的热情和乐观的心态，总是让他在失败时鼓起勇气重新站起来，总结经验后继续投身科研工作中。功夫不负有心人，一篇篇优秀的论文得以发表。

工作中要求严格的苏哲在生活上却是一个宽容友善的人，在教研室，他尊敬老师和师兄师姐，关爱师弟师妹，在组内承担着安全管理员的职责，为实验室的安全保驾护航。

杨进宇　硕士研究生

预备党员

导师：万中全教授

个性签名：既然选择了远方，便只顾风雨兼程！

人物简介：2019年9月，杨进宇怀着对科研生活的憧憬，迈着坚定的步伐，带着梦想走进了电子科技大学。入学后，他主动递交了入党申请书，积极向党组织靠拢，并在研二时成为一名光荣的预备党员。

杨进宇在学习上刻苦认真，入学以来，学习成绩始终位于班级前列。上课时，他坚持坐在教室的前三排，让自己更加投入到课堂的学习中去。课余时间，他积极参加各种学术讲座和学术会议，不断提升自己的科研素养。

杨进宇在科研上勤奋努力，认真钻研，永不服输。在其导师万中全教授的帮助与指导下，经过一年时间的准备与积淀，他在硕士二年级期间分别在SCI 1区期刊*Journal Of Power Source*和*Chemical Science*上发表文章，并完成了1项专利申请。

苏豪凯　硕士研究生

导师：李颉副教授

个性签名：偶尔漫不经心，永远保持热爱。

人物简介：研究生期间，苏豪凯严于律己，在导师的引导下，努力进取，取得了丰硕的学术成果，学习和科研能力都取得了很大进步。

在过去的一年里，他热爱国家，热爱学校，时刻以一名党员的标准要求自己。生活中，他关心同学，乐于助人，积极配合学生干部和学校各个部门的工作，与同学、老师相处融洽；学习上，他积极主动，充分利用学校丰富的学术资源，参加了很多实验课程，巩固了基础知识，同时也参加了很多学校以及各个学院的学术讲座，了解了国际相关领域发展情况，学习相关理论知识并领略了各个领域领军人物的风采；科研上，他积极投入精力，注重细节，开拓进取，经历失败也不放弃，最终取得丰硕成果。在SCI一区，分别以第一作者和学生第一作者的身份发表学术论文共2篇，申请国家专利1项，并同导师一起参加了2021年召开的第五届全国磁性材料与器件大会，进一步提高自身的科学素养。

翟雨轩　硕士研究生

导师：王钊教授

个人签名：独立之精神，自由之思想

人物简介：翟雨轩，电子学院电子科学与技术专业2020级硕士研究生。在进入硕士研究生这一年以来，翟雨轩积极认真地学习专业及相关领域的知识。

在科研方面，翟雨轩在导师王钊教授的指导下、教研室同学的协作下，参与并推进多个科研项目的研究和实验。在学习和研究医疗图像处理的相关问题时，他们针对白内障治疗手术中人工晶状体（Intraocular Lens，IOL）植入的精确定位和校准问题，提出了一种基于检测和跟踪的术中实时IOL定位和对准算法框架，将眼科手术中的眼球定位与追踪导航的精度、稳定性以及实时性提升到较高水平，并有望投入临床使用。在王钊教授的指导下，翟雨轩以第一作者的身份，在SCI期刊IEEE *Journal of Biomedical and Health Informatics* 上发表论文"Computer-aided Intraoperative Toric Intraocular Lens Positioning and Alignment During Cataract Surgery"。此外，翟雨轩在王钊教授的指导下参与并负责教研室的医疗机器人相关项目，目前有3项国家发明专利在申请中。

谢裴曜　硕士研究生

中共党员

导师：赵陶 副教授

个性签名：相信的心就是你的魔法！

人物简介：在学习方面，谢裴曜坚持学习为本、稳扎稳打、积铢寸累，注重培养自己严谨的科学态度和独立的研究、学习能力。本科期间，她多次获得校级优秀学生一等、二等奖学金，三好学生，优秀团员等奖励，曾获四川省大学生数学竞赛二等奖。研究生期间，她各科成绩优异，获研究生学业奖学金一等奖。

在思想生活方面，她有良好的道德修养和坚定的政治方向。她时刻谨记自己共产党员的身份，以品德至上来要求自己，严于律己，友爱同学，乐于助人。她在研一期间担任电子学院研究生物电第一党支部的组织委员，积极组织学生支部活动，了解同学的思想动态，配合组织和开展相关党务工作。

在科研方面，她勤勉刻苦，认真钻研。在赵陶导师的悉心指导下，她多次参与课题组专题研讨，认真负责地完成导师交予的各项任务，加强了自己在科研方面的能力。在研一期间作为第一学生作者申请了国家发明专利《可动态调谐辐射参数的辐射源及辐射参数调谐方法》，参与The International Conference on Infrared，Millimeter，and Terahertz Waves（IRMMW-THz）国际红外毫米波太赫兹会议，以第一作者身份发表会议论文“Actively manipulating coherent Smith-Purcell radiation with graphene metasurface”并在会上作口头报告，同时以第二作者身份在该会议上发表会议论文“Coherent terahertz radiation from waveguide mode excited by an electron beam”。

现实者不功利，理想者不空谈，仁爱者不软弱，刚直者不偏激，这是她对人生的注脚。未来的道路即使充满挑战，她也将不忘初心，砥砺前行！

韩明成　硕士研究生

中共党员

导师：段兆云教授

个性签名：做好自己，迎接每一天！

人物简介：韩明成，电子学院2020级电子科学与技术专业研究生，师从段兆云教授。曾获国家励志奖学金、优秀学生奖学金、暑期社会实践二等奖等。

在思想上，韩明成积极向上，认真学习习近平新时代中国特色社会主义思想，不断提高政治素养，热情参加党组织的活动，时刻以一名优秀党员的标准要求自己。

在学习和科研生活中，自他2016年来到电子科技大学开始，他始终保持端正、谦虚的学习态度。在第一学年便顺利通过了大学四、六级英语考试，在之后的学习中也都取得了优异的成绩。之后，他顺利获得了电子信息科学与技术和经济与管理学院的金融学双学位，并得到本校推免资格。研一期间，他不敢懈怠，始终保持积极向上的心态，勤奋学习，同时也认真完成手上的科研任务，目前已有1篇期刊论文被《真空电子技术》录用。

在学习之余，他也注重培养自己的社会实践能力，参加了学校对岑巩县的精准扶贫社会实践活动，和一群志同道合的小伙伴们前往四川巴中支教，并获得“UESTC暑期社会实践优秀团队”奖。生活中，他喜欢通过跑步放空自己，校园里的东湖边、操场上都留下过他的足迹。他也一直朝着“每天都多努力一点点、不断做大做强”的目标前进着！

崔进京　硕士研究生

中共党员

导师：张晓升教授

个性签名：积一时之跬步，臻千里之遥程。

人物简介：崔进京，在研究生初期便崭露头角，获得新生入学的一等学业奖学金、在第一学年取得3.98/4.00的平均绩点，以专业排名第一的成绩荣获国家奖学金和一等学业奖学金。

在科研上，她参与团队在研项目——穿戴式微能源采集系统，并取得阶段性成果。此外，她作为第一作者在《功能材料与器件学报》发表中文期刊论文1篇，并参加第三届振动与能量俘获及其应用国际会议，深入了解相关领域的前沿成果。

在团队生活中，她积极与师弟师妹交流，担任办公室负责人，帮助大家建设更好的学习和科研环境；在学生工作中，她担任班级副班长，兢兢业业，获得优秀研究生干部称号；在党务工作中，她处处发挥带头作用，先后担任集成电路与系统系研究生第三党支部支委和支部书记，为支部荣获先进支部二等奖发挥了巨大作用。此外，她还担任IEEE学生分会宣传部副部长，并在学校第六届研究生主持礼仪大赛中获得亚军，可谓是“文娱两开花，爱好科研两手抓”的典范。

在未来的征途上，崔进京将保持昂扬的姿态，在学习和科研上锐意进取，同时保持对兴趣爱好的追求，延续IML团队“文娱两开花”的精神。

曹天豪　硕士研究生

中共党员

导师：张勇教授

个性签名：知行合一。

人物简介：作为一名共产党员，曹天豪时刻以一名优秀共产党员的标准要求自己。在日常的学习生活中，他关心同学、乐于助人，人际关系融洽。

学习方面，他注重培养自己严谨且独立的学习习惯，研一学位课平均分89.2分。在课堂之外，他积极阅读文献，为后续的研究工作做好准备。

科研方面，他勤奋努力，认真钻研。2021年5月，参加于南京举行的中国微波周，研一时以学生第一作者身份申请专利3项，以第二作者申请专利2项，其中，4项已被受理，1项已授权。同时，他负责中国电子科技集团公司第二十六研究所231GHz收发前端项目，完成了项目方案的确立，芯片选型和相关核心器件的设计工作。

实践方面，在导师的悉心指导下参与并完成了导师交给的各项任务，与师兄师姐积极沟通学习，极大地提高了自己的动手能力和解决问题能力。

在取得优异的学习成绩和科研成绩的同时，他还负责了2017级本科生毕业设计的指导工作。从总体框架设计，到软件的使用，再到最终的装配测试，他都详细指导，帮助本科生同学在规定时间内高质量完成了毕业设计。

邝建军　硕士研究生

导师： 明鑫教授

个性签名： 非淡泊无以明志，非宁静无以致远。

人物简介： 邝建军，电子科技大学电子学院集成电路设计与集成系统专业2016级本科生，电子科学与技术专业2020级研究生，曾获优秀学生奖学金，国家励志奖学金，电子科技大学2020届校级优秀毕业生。目前于电子科技大学电子学院功率集成技术（PITEL）实验室读研，从事电源管理芯片方向的研究与设计工作。研究生期间以学生第一作者在 IEEE *TRANSACTIONS ON CIRCUITS AND SYSTEMS—I：REGULAR PAPERS* 上发表论文1篇，以学生第一作者申请中国发明专利1项，在2021全国大学生集成电路创新创业大赛（艾为杯）中获得西南赛区三等奖。

李聪毅　硕士研究生

导师：王忆文教授

个性签名：永远是少年。

人物简介：李聪毅从大一入学时便对数学建模产生了深厚的兴趣，因此积极参加学校数学建模方向的比赛并取得较好成绩。大二寒假时参加美国大学生数学建模竞赛并获得M奖，大二暑期时获得全国大学生数学建模竞赛国家一等奖。

研究生期间，他认真学习每一门课程，并都取得了不错的成绩。在研一第一学期，他参加了集成电路EDA设计精英挑战赛，成功通过初赛并前往南京参加总决赛，最终荣获全国二等奖。在研一第二学期他参加了全国集成电路创新创业大赛，并荣获全国一等奖。

王梓霖　硕士研究生

导师：贺雅娟教授

个性签名：车到山前必有路，办法总比困难多。

人物简介：王梓霖，本科毕业于电子科技大学电子科学与技术专业，2020年在电子科技大学继续攻读硕士研究生，专业为电子科学与技术（微电子与固体电子学方向）。师从贺雅娟教授，主要研究方向为低功耗数字集成电路设计。

攻读研究生期间，他认真学习，潜心钻研，学业课程平均成绩超过90分。在保证课程学习的情况下，根据导师的指引积极投入科研工作，每天坚持阅读研究相关文献，主动进行相关实验。以第一作者身份投稿国际重要会议International Symposium on Circuits and Systems（ISCAS）发表论文1篇。以第一作者和第二作者身份分别申请国家发明专利1项。

在研究生一年级期间，除了在学习和科研方面的努力，他还积极培养自己的工程能力和综合素质，参加了“华为杯”第四届中国研究生创“芯”大赛，并入围全国总决赛，参加第五届全国大学生集成电路创新创业大赛，获西南赛区三等奖。

面对国际上的严峻形势，他希望能尽自己的绵薄之力为祖国集成电路事业的发展添砖加瓦，助力祖国的集成电路产业尽早突破围堵，早日实现中华民族的伟大复兴。

张辰希　硕士研究生

导师：王忆文教授

个人签名：随意尝试，谨慎选择。

人物简介：张辰希对自己有着清楚的规划，自本科以来就对集成电路设计方向有浓厚的兴趣。前往加州大学和鲁汶大学MICAS实验室交流访学后，他对集成电路领域有了更加深入的了解也坚定了他今后在相关领域钻研的想法。

步入研究生阶段以来，张辰希以兴趣为导向，先后参与完成实验室的多项科研任务，作为队长与教研室的同学一同参加了第五届集成电路创新创业大赛并取得总决赛一等奖。由于参加的是新开设的赛道，他与团队成员紧密合作，加班加点，在三个月的时间内完成了神经网络从无到有的移动端部署并获得了较高的推理速度，获得了评委们的高度评价。此外，张辰希还积极协助导师参与电子学院本科生的教学工作，担任IC综合实验课的助教，在实验答疑中不断提高自己的知识储备。

在课余生活中，张辰希积极参与学生活动，曾加入简摄影社团，协助拍摄研究生开学典礼、微电子论坛等活动，他还参与运营电子科技大学研究生B站账号，被评选为研究生社团年度“先进个人”。此外，他还担任2020级集成电路设计与集成系统专业7班班导生，负责2020级本科生的迎新、管理等工作。

张振翼　硕士研究生

导师：王政教授

个性签名：脚踏实地，仰望星空。

人物简介：张振翼是电子科技大学电子学院电子科学与技术专业硕士研究生，本科毕业于电子科技大学电子工学院，综合排名专业前10%，保研至电子科技大学智能集成电路与系统实验室攻读硕士学位，师从王政教授。

在硕士一年级时，由于刚接触科研，对相关基础理论并不熟悉，他勤奋刻苦，努力学习专业知识，图论及应用、现代网络分析、无线系统等课程均在90分以上，综合排名专业第5名（专业共227人）。专业课程之外，他积极参与科创竞赛。在2020年的第四届全国大学生集成电路创新创业大赛中，他带领团队克服困难，一举夺得IEEE杯初赛全国第一名、西南赛区一等奖（西南赛区第一名）、国家二等奖，并受主办方邀请在江苏南京总决赛会场上进行成果汇报，也是电子科技大学唯一一支在决赛中进行成果汇报的队伍。但是最终获得的国家二等奖让他稍感遗憾，于是他继续报名参加2021年第五届全国大学生集成电路创新创业大赛，并取得西南赛区一等奖、国家一等奖，这也是电子科技大学第五届集创赛IEEE杯取得的最好成绩。

虽然在学习和竞赛上已经取得了一定的成绩，但是他始终在科研上对自己高标准、严要求，为实现中国“芯”而努力奋斗。在研一一年的科研生活中，他参与两项射频集成电路相关项目，并已完成两次流片，申请国家发明专利2项，在国际会议IEEE ICTA上发表论文1篇并获得Best Paper Award，同时有一篇SCI论文在投。2021年，他获得了硕士国家奖学金。但对于他而言，国家奖学金是一份荣誉，更是一份动力，未来，他将继续在射频集成电路领域进行研究，为解决我国芯片“卡脖子”问题贡献自己的一份力量。

方浩原　硕士研究生

中共党员

导师：王忆文教授

个性签名：争取每日进步一点点！

人物简介：方浩原，电子科学与技术专业硕士研究生，在生活中团结同学、学习上积极进取、思想上遵循党的领导。

首先，作为集成电路与系统系研究生第五党支部的支部书记，他发挥带头作用，拥护党的领导、宣传党的政策方针，带动支部研究生党员投入学习科研工作，努力建设一支凝聚有力、宣传有力、组织有力的优秀研究生支部。在研一期间，作为微梦党建委员会宣传部的一员，以微信公众号推文为媒介，不断给师生宣传党政讲话精神，以自身行动切实做到服务师生。

其次，在学习科研方面，他和同学一起参加了全国大学生集成电路创新创业大赛，并获得国家级一等奖。在参赛过程中，他和同学合理分工、积极沟通，在项目遇到困难时，他团结同学一起挑灯夜战，共同解决。最终，取得了优异成绩，为校争光的同时，更为学弟学妹树立了良好榜样。

在日常学习生活中，他乐观开朗、积极热心，从小事入手服务同学，真正做到了以小见大。

刘殊璇　硕士研究生

导师：董元旦教授

个性签名：人生先学做人。

人物简介：刘殊璇，电子科技大学电子学院电磁场与微波技术方向2020级硕士研究生，师从董元旦教授。

刘殊璇本科毕业于电子科技大学电子科学与工程学院电磁场与无线技术专业。本科期间曾作为电子科大创行成员，参与创行中国社会创新全国赛并晋级全国19强。作为电工辩论队队员，在队内的经历对她的学习和处事方式都影响颇深，为整个大学生活打下了思想基石；也曾为电子科技大学学风督导队队员，坚持了近四年的早自习。在学校国际处的支持下曾参加加州大学伯克利分校暑期学校进行学习；课余时间她坚持每周进画室学画。她始终相信勤能补拙，大三时借助电子系统综合设计课程的机会，开始在董元旦教授和师兄的指导下进行天线方向的学习和研究，期间参加了数学建模等科技竞赛，同年获得电子科技大学优秀学生二等奖学金，并于2020年考入电子学院研究生。

研究生一年级，刘殊璇学业综合排名专业第一。在董元旦教授和师兄的帮助和指导下，有序地推进研究进程。目前，以第一作者在天线领域期刊IEEE *Transactions on Antenna and Propagation* 发表有关小型化天线研究论文1篇，先后参加2020 Asia-Pacific Microwave Conference、2021 IEEE Antennas and Propagation Society International Symposium国际会议并作口头汇报。

邹欣峻　硕士研究生

导师：宋开军教授

个性签名：相信自己潜力无限！

人物简介：邹欣峻，在学习上一直勤奋刻苦，虚心向周围的同学与老师请教。在大学这个学习环境相对宽松，课余生活丰富多彩的环境中，他并没有放松学业。他认真学习课程知识，合理安排时间，提高学习效率，取得了比较好的成绩。研究生一年级期间综合排名专业第二，并以学生第一作者在IEEE *Transactions on Microwave Theory and Techniques*发表1篇一区论文，以学生第一作者获得1项专利授权。

在日常生活方面，他积极为同学们服务，认真配合辅导员老师的工作，有良好的群众基础，受到同学们一致好评。

在思想上他积极上进，作风正派，严于律己。积极旁听各种讲座，以此来端正思想，提高觉悟，在学习中充分发挥共青团员应有的带头作用，并提交了入党申请书，认真参加培训，学习党的工作路线，正确贯彻党的方针政策，树立正确的世界观、人生观、与时俱进。

王熙　硕士研究生

中共党员

导师：董元旦教授

个性签名：优美地低于生活。

人物简介：王熙，电子科技大学电子学院电磁场与微波技术方向2020级硕士研究生，师从董元旦教授。

王熙本科毕业于西北工业大学，荣获西北工业大学2020届“优秀毕业生”称号。本科期间成绩优异，连续三年获评校“优秀学生”并获得一等奖学金，毕业时以专业排名第三的成绩保送至电子科技大学。他学生工作经验丰富，先后担任学生会部员、学生书画协会会长、辅导员助理等。带领社团在年度考核中以全校第三的成绩获评“五星级社团”。他积极参加实习实践，曾在中国空空导弹研究院生产实习，是西北工业大学第十一期“青马工程”大骨班学员，并随社会实践队赴山东济宁参加社会实践，先后参与第二届“中国航天日”和西北工业大学校庆80周年志愿服务，同时多次参加科技竞赛。

研究生期间，他刻苦学习，学业成绩位列专业第二。在大四下学期便进入了课题组，在导师董元旦教授的悉心指导下努力科研，不断探索与进取，参与多个课题组项目。截至目前，以第一作者身份在天线领域国际主流期刊IEEE *Antennas and Wireless Propagation Letters*（SCI二区）发表论文2篇，在*Microwave and Optical Technology Letters*（SCI四区）发表论文1篇，先后参加2020 Asia-Pacific Microwave Conference、2021 IEEE International Conference on Microwave and Millimeter Wave Technology国际会议并作口头汇报，以学生第一发明人身份申请发明专利2项。

林枋艳　硕士研究生

预备党员

导师：罗军生副研究员

个性签名：在半山腰看绝美风景。

人物简介：林枋艳，电子科技大学电子学院2020级硕士研究生，师从罗军生副研究员，从事钙钛矿光伏薄膜器件的研究。曾获得学业奖学金、国家奖学金等。

凭借本科的优异表现，林枋艳成功获得保研资格，在充分了解罗军生老师的研究方向后，她申请来到电子科技大学学习。获得保研名额后，林枋艳并没有对自己放松要求，来回奔波于本科学校与实验室之间，在完成本科毕设的同时也更加了解自己的研究方向。研一时，她积极投入到自己的学习和实验中，取得了一等学业奖学金。

当被问到如何才能平衡好科研与课程之间的冲突时，她说，一开始她也是感觉到力不从心，但在组内氛围的影响下，在导师和师兄师姐的帮助下，她合理安排时间，提高做事效率，逐渐适应了这种生活并乐在其中。

天道酬勤，研一期间，林枋艳不仅完成了课程学习，还在SCI 1区期刊*Nano energy*上发表一篇论文“An efficient and hydrophobic molecular doping in perovskite solar cells”，以学生第一作者申请国家专利1项 。

王孟博　硕士研究生

导师：廖宇龙研究员

个性签名：我想要这样的生活，无论是在巅峰还是低谷，都要闪闪发光。

人物简介：他是电子科技大学电子学院2020届硕士研究生，春去秋来，转眼间，入学已一年有余。在这一年中，他在各方面都取得了长足的进步。作为学生，他努力学习科学文化知识，取长补短，时刻以高标准要求自己；作为科研工作者的“预备役”，他沉下心来做研究，了解国内外相关领域的最新进展。得空时，他积极参加学校的各项活动，协调好学习、工作和生活的关系，锻炼各方面的能力，努力做到全面发展。

思想方面，他拥护共产党的领导，积极响应党的号召，并于2020年向党组织提交了入党申请书，成为了入党积极分子。在此期间，他认真学习党的工作路线，积极参加学校党组织举办的各项活动，以高标准要求自己，树立了良好的人生观和道德观。

在学习和科研方面，以学习为本务，取长补短，虚心求教。课余时间投身科研工作，阅读文献，了解研究领域的最新进展。投入大量时间研究紫外检测材料GaN的基本原理及其应用。在导师的帮助下于2021年8月在外文期刊*Journal of Materials Chemistry C*上发表论文。

万胡杰　硕士研究生

预备党员

导师：文岐业教授

个性签名：做有意义的科研！

人物简介：万胡杰，电子学院2020级硕士研究生，性格开朗并且热爱科研，平时喜欢跆拳道、打羽毛球等体育运动。

从入学开始，他对科研一直有着强烈的兴趣和持之以恒的毅力。一年来，在老师的培养和帮助下，万胡杰逐渐学会了如何构思设计和改进自己的研究工作，如何凝练科学问题，如何科学地阅读与写作，做有意义的科研！

在反复的失败和不断的总结后，经过一年的不懈努力，他以第一作者的身份在*ACS Nano*期刊上发表一篇题为“Substrate-Independent $Ti_3C_2T_x$ MXene Waterborne Paint for Terahertz Absorption and Shielding”的研究论文，针对性地解决了MXene难以在各种复杂、微型的THz器件上形成稳定高效屏蔽涂层的问题。

徐嘉鹏　硕士研究生

中共党员

导师：金立川副教授

个性签名：Not to prove， but to improve.

人物简介：自入学以来，徐嘉鹏始终坚持在思想、学习以及工作上以高标准要求自己，时刻以饱满的热情投入到科研工作与日常生活中，并取得了较好成绩。

研一期间，他以第一作者在SCI期刊上发表英文综述1篇。该综述从自旋波材料、效应及器件三个方面展开，对该领域的国内外科研最新进展进行了系统的阐述，对自旋波应用链进行了完整的构建，获得了多个审稿人的认可，并成功发表在期刊*Frontiers in Materials*上。此外，他在师兄师姐的帮助下以及老师的指导和鼓励下，分别以第一学生作者和第二学生作者的身份申请国家发明专利3项。

他坚持发挥党员模范作用，曾担任学院微电子与固体电子系第六党支部组织委员，在不断提升自身素养的同时，全心全意为同学服务。他还担任班级心理委员，认真学习并积极宣传大学生心理健康知识，积极开展心理健康教育和宣传活动。

04

【院友专访】
卢国建的超越人生

卢国建

卢国建，1993年6月毕业于电子科技大学电路与系统专业，取得硕士学位，2003年在深圳市创办芯海科技（深圳）股份有限公司（以下简称芯海科技）。

芯海科技是一家集感知、计算、控制、连接于一体的全信号链集成电路设计企业，专注于高精度ADC、高可靠性MCU、测量算法以及AIoT整体解决方案的研发设计。产品广泛应用于智慧健康、智能手机、消费电子、可穿戴设备、智慧家居、工业测量、汽车电子等。公司总部位于深圳，在合肥、西安、成都设立子公司，是国家级高新技术企业，被广东省科技厅认定为“广东省物联网芯片开发与应用工程技术研究中心”。建有可靠性检测中心、健康测量实验室、感知实验室、MCU实验室。全球专利资产近600项，其中已授权专利超过246件（含美国专利）。

集成电路的探索之路

卢国建在2021电子科技大学集成电路产业发展高峰论坛暨长三角区域创新峰会

1990年，卢国建以专业排名第二的成绩考上电子科技大学，攻读硕士学位。谈到在电子科技大学的三年学习和生活经历，卢国建说："当时，集成电路还是一个相对冷门的专业，对于大多数人来说，这甚至是一个陌生的领域。我也是误打误撞进入到这个专业，通过专业学习，慢慢熟悉集成电路领域，一直坚持下来。"现在回顾起在电子科技大学的求学时光，卢国建将这段经历称为自己人生中的转折点，这三年里，卢国建在集成电路领域学到了扎实的理论知识，为自己的创业之路打下了坚实的基础。直到现在，卢国建对电子科技大学严谨务实的学风赞不绝口。

"人生是短暂的，要尽快投入到有价值的工作中"，卢国建说。受到武汉邮电科学研究院谢所长的邀请，硕士毕业后的卢国建决定来到武汉投身集成电路行业，进入到当时缺乏模拟IC人才的部门。不久后，在武汉邮电科学研究院的资助下，他被派往美国哈里斯公司（Harris Corporation）进行学习培训，同时也做数模混合的项目。回国后，当时的华为严重缺乏数模混合领域的专业人才，于是很快找到了卢国建。与自己振兴民族半导体产业的愿望不谋而合，卢国建欣然接受了华为的橄榄枝。怀着振兴国内集成电路行业的决心，卢国建带领华为数模部门，在七年之间一跃成为国内数模混合先进水平的代表。

出走，奋斗

2002年左右，华为人才流失严重，卢国建回忆道，"并不是因为华为待遇不好，究其原因，主要有两个：一方面是大多数员工是做系统的内部模块工作，工作缺乏成就感，总是被产品线牵着鼻子走。不像做整机的部门，他们面对一线，更容易获得成就感，也就能考虑得更远。另一方面是因为在那个时候看不清方向，我们虽然是核心部门，但集成电路部门的发展缺乏长远的规划，不知道到底做什么，未来的方向是什么。" 而那个时候正好碰上大量的技术人才从国外回来创业，也就是海归潮。在大部分同事相继离职的情况下，卢国建犹豫再三，他最终决定离开华为，创立了芯海科技。在创立之初，公司以"做出中国的Ti"为口号，吸纳了不少人才。在当时，很多国内做设计的公司都是做逆向设计，即传统意义上的仿制，虽然这让一些设计公司在消费电子领域占据了一部分份额，但他们做的东西都是一些CMOS、Sensor、开关之类附件，并没有触及到核心的模块。卢国建并不想和他们一样，认为要做就做自己的东西，所以芯海科技一直都着手于正向设计，希望将核心技术牢牢掌握在自己手里。卢国建选择了做数模转换，这注定

参会主旨报告

是一条崎岖的道路，当时的技术基本被国外垄断，他深知只有自己掌握核心技术，才会有未来。卢国建带领自己的初创团队不畏困难，一直坚持了下来，为公司今后的发展奠定了基础。

把握机遇，全力以赴

“二十年前大家就开始说集成电路的黄金十年来了，十年前又在说集成电路的铂金十年来了。”当谈到集成电路的发展历程，卢国建说道，“但其实这些啊，都没有下一个十年好！以前国内集成电路行业的发展环境非常艰苦，很多人没有坚持下来。并不是说他们没有能力，不够聪明，主要原因还是因为市场大门没有打开，虽然有产品、有技术，却没有办法得到市场的认可，或者是市场根本就不想试你的产品，最后资金断裂就走不下去。只有少部分企业通过创新突破，走到了今天。但是自从中兴事件以来，尤其是2019年华为受到制裁之后，中美贸易摩擦愈演愈烈，集成电路市场的大门就开始打开了。现在完全转变了，芯片都是优先使用国产的，以前我们去敲用户的门，只给我们开一条缝，现在都给我们敞开大门。所以未来十年才是中国集成电路真正的钻石十年，这个十年，是可以基本上赶上西方的十年，是扬眉吐气的十年!”

不忘初心，未来已到

采访最后，卢国建鼓励大家要珍惜这个十年的机会，踊跃地投入到这次赶超欧美的浪潮中去。“以前我们做的很基础，创业都是勒紧腰带干革命，现在基础都有，更需要大家投入热情和智慧。现在市场对集成电路人才的需求很大，十年前是互联网时代，现在是半导体集成电路时代。”当谈到人才培养的时候，卢国建希望国家、行业、母校继续加大对集成电路产业的支持，培养更多的集成电路优秀人才。

Chapter Six E行

【青春·力行】

01

电子学院研究生党员微党课培育

为深入学习贯彻习近平新时代中国特色社会主义思想，迎接建党100周年，学习党的历史，弘扬党的精神，积极发挥党员先锋模范作用，电子学院发起并承办了主题为“学党史、扬精神，争做成电先锋”的第三届研究生微党课大赛。主讲人围绕中国共产党波澜壮阔的百年征程，以五四精神、红船精神、长征精神等伟大精神为主要内容，通过一堂党课、一场访谈、一个节目、一次调研等形式进行了精彩的展示。

全院41个研究生党支部书记在支部书记例会、支部党员大会等重要场合向其他党员及群众讲授微党课。在他们的带动下，不少党员与群众纷纷加入分享与讲授微党课的队伍中来。学院及研究生党建委员会成员对各参赛人员进行了认真的指导与培养，筛选出六支优秀作品代表学院参加校级微党课大赛。经过层层选拔，最终有四支作品在校级微党课大赛中处于领先水平并获得奖励。部分获奖作品如下。

一、时代之声——两代人的“抗美援朝”

——集成电路与系统系研究生第七党支部 刘译蔓

“抗美援朝”是新中国成立后的立国之战，中国人民志愿军跨过鸭绿江，协助朝鲜人民军粉碎美帝国主义的霸主野心，保卫祖国，使得祖国人民得以不再遭受帝国主义的迫害。作品用访谈的方式，采访了老兵爷爷和在读研究生，讲述他们心中的抗美援朝战争，也对当下当前的“卡脖子”问题加以讨论。青年一代要传承志愿军精神，做新时代的炬火，不负嘱托，自立自强。

二、五四精神传薪火，红色电影唤心声

——微电子与固体电子系研究生第一党支部 朱代磊

第一次世界大战期间，欧洲列强无暇东顾，日本乘机加强对中国的侵略，严重损害了中国的主权，中国人民的反日情绪日渐增长。1919年，巴黎和会上中国外交的失败，引发了伟大的五四运动。“爱国、进步、民主、科

学”，五四运动就像黑夜里的一束光，唤起了越来越多的有志之士对自由和真理的追求。它也许不足以宣告封建主义和帝国主义的结束，却宣告了新思想的火炬已经在东方点亮了黎明的曙光。

三、科学无国界，科学家有祖国

——微波工程系研究生第六党支部沈芳

“科学无国界，科学家有祖国。”习近平总书记2020年9月11日在科学家座谈会上讲到。我国科技事业取得的历史性成就，是一代又一代矢志报国的科学家前赴后继、接续奋斗的结果。科学成就离不开精神支撑，科学家精神正是科技工作者在长期科学实践中积累的宝贵精神财富。作为新时代成电人，更作为祖国新时代的青年逐梦者，我们肩负着光荣的历史使命，从成电建校以来出发去追寻优秀成电先辈们的足迹，学习和继承成电学者的科学家精神。

02

沉浸自我的刮画之旅，感受生活的静谧之美

个人沉浸式绘画体验，在创作过程中，抛开烦恼，享受一个人的艺术狂欢！

活动现场

“我把你画成花，未开的一朵花，再把思念一点一滴画成雨落下”，

这是邓紫棋唱给恋人的歌词。

把爱画在歌里，画在心里。此刻，我们把爱画在纸上。

那本是一段惊喜不断的旅程，

面前是一片漆黑，但它黑得自然，黑得静谧。

掀开那一层漆黑的面纱，无须知晓前路会如何色彩斑斓，

心如止水，无惧无忧。

活动现场

“山重水复疑无路，柳暗花明又一村”，这是刮画的一种韵味。

底层的多姿多彩，于顶层黑墨遮盖之下不知会如何绚烂，

想起夜空中的烟火，五彩缤纷，

有黑夜作为陪衬，更显美感，更具神韵。

于刮画创作者而言，随意泼洒底层颜料，而后随兴而作，

似是一种不可言说、无可比拟的享受。

或许自在、即兴的创作，激起的是妙不可言的灵感，

就算路还漫长，却有一种预感，

那便只顾铺展那一幅画作。

活动现场

“悠悠的过去只是一片漆黑的天空，

我们所以还能认识出来这漆黑的天空者，

全赖思想家和艺术家所散布的几点星光。

朋友，让我们珍重这几点星光！

让我们也努力散布几点星光去照耀那和过去一般漆黑的未来！”

这是朱光潜先生在《谈美》中对美与人生的感悟。

天空漆黑抑或光明，取决于创作者本身。

活动现场

天空一片漆黑，如同刮画一般，作品会更加绚烂多彩。

天空一片光明，如水墨画一般，作品会更加意境深远。

如果过去和未来的天空一片漆黑，

那么便在这漆黑的天空中绽放绚烂的光彩。

自在，宁静，舒适，这是刮画创作的一种享受。

为何而作，全由直觉。

于一张刮画纸上随兴发挥，全然沉浸于自我的创作世界，

一个真正属于自己的世界，

知自我，爱自我，那是一种多么美妙的体验。

“人生本来就是一种较广泛的艺术，每个人的生命史就是他自己的作品。”愿刮画创作的时光，寻得的是一份妙趣与舒坦。

人生如画作，愿每个创作者终谱人生大作！

本期“刮画心理释压”活动，历时2个半小时，参与活动的同学皆放松自如，全然忘却生活、学习中的不如意，舒心沉浸于刮画创作，此即心理释压之真谛。每幅画作，可窥每个创作者的心境与乐趣。愿大家都能自在、畅快与舒坦！

03

电子学院举办“发扬中国‘芯’——首届全国微电子行业研究生论坛”

5月22日下午，由电子科学与工程学院（示范性微电子学院）发起的“发扬中国‘芯’——首届全国微电子行业研究生论坛”在图书馆百学堂顺利举行。来自清华大学、复旦大学、上海交通大学、浙江大学、北京航空航天大学、国防科技大学、电子科技大学、香港城市大学及西安电子科技大学等9所知名高校的示范性微电子学院研究生学生组织骨干代表及120余名微电子专业的研究生代表，与来自联发科技股份有限公司、中国电子科技集团公司第五十五研究所和深圳市海思半导体有限公司等行业知名企业的资深专家齐聚清水河畔，共话“芯”事。

代表合照

学院领导致辞

电子科技大学示范性微电子学院院长张万里教授致辞

电子科技大学示范性微电子学院院长张万里教授介绍了学院的发展情况及学科优势。他提到，作为全国首批9所示范性微电子学院之一，也是西南地区唯一一所获得国家部委支持建设或筹备建设的示范性微电子学院，学院承担着巨大的人才培养任务。从本科的“三个一”工程教育到研究生的“产教融合专项培养计划”都得到了其他高校和外界的一致好评。

张万里院长对此次论坛的举办表示了肯定，同时也提到，当前我们比以往任何时候都迫切需要在芯片技术上实现突破和发展，我国微电子产业许多“卡脖子”问题仍亟待寻求突破口，希望通过这次论坛，能加强各高校微电子相关学科院所的交流与合作，深化高校与企业的产教融合。

教师代表发言

吴传贵教授

随后吴传贵教授作为教师代表进行发言。吴教授分享了自己在微电子学科教学和科研中的一些心得体会，对大家在微电子专业的学习提出了一些建议。吴教授表示，结合当前行业和时代背景，个人发展和国家需求一定要“心芯相映”。国家为我们的创造了很好的时机，我们便需要把握时机，钻研创新，提高个人的科研和学习水平，尤其是加强数学和物理学习，加强学术交流，独立思考、坚持自我。最后吴教授鼓励大家积极投身微电子行业，投身中国“芯“！

行业代表发言

国家微电子行业的蓬勃发展，除了高校在培养人才方面做出的诸多努力，更少不了企业公司的开拓创新与付出。

联发科技股份有限公司技术专家　屠宁杰

联发科技股份有限公司的技术专家屠宁杰提到，我们现在正处于一个最好时代也是一个最具挑战的时代，因为5G和AI技术的发展，对芯片的需求有了爆发式的增长，给微电子行业从业者提供了很多的机会。国家为我们提供了很好的土壤，需要我们沉下心来耕耘，继续坚守我们的半导体行业，期待又一次春暖花开。

中国电子科技集团公司第五十五研究所副主任设计师
张洪泽

中国电子科技集团公司第五十五研究所副主任设计师张洪泽为同学们介绍了微电子相关

领域的技术进展，同时也介绍了芯片的工程应用。最后，张老师介绍了研究所的发展和行业地位及发展，希望有志青年学子加入军工电子国家队，为祖国强盛奋斗青春，为国家建设添砖加瓦！

深圳市海思半导体有限公司模拟芯片技术专家　李定

深圳市海思半导体有限公司的模拟芯片技术专家李定提到，从公开信息来看，要发展中国的芯片制造产业，未来我们还有很多的事情要做，中国微电子行业在很多地方都还有进步的空间。对于同学们的个人发展，李定从一个成电学长的角度，结合自己多年的学习和工作经历，强调了基础课学习的重要性，尤其是数学和物理。他希望同学们重视基础学科知识的学习，这些能力将来都能很好地被应用到工作和科研中。

“芯”对话

在“芯”对话环节中，企业代表和各高校示范性微电子学院研究生代表就学习微电子的动力、微电子行业目前发展遇到的机遇和挑战，以及学生组织在其中发挥的作用进行了深入交流。

“芯”对话现场交流

李定及张洪泽表示，兴趣和对于专业发展的期望是自己一直坚持深耕微电子行业的动力。研究生代表们也从所学专业的角度分享了自己如何在学习过程中永葆初“芯”。电子科技大学示范性微电子学院博士生代表袁章易安同学认为，好奇心是科研从事者应该一直保持的一颗初心，有好奇心，才能够更有动力地去完成科研任务。北京航空航天大学博士生代表王皓天同学表示，集成电路产业的发展关系到国家战略安全，作为一名集成电路专业的学生，应奋发图强，并将核心技术牢牢地掌握在自己手中。天下兴亡，匹夫有责，这既是我们这一代人的使命更是我们的责任，这也是他坚持不懈的动力。

“芯”对话现场交流

清华大学集成电路学院研究生代表袁艺铭、上海交通大学电子信息与电气工程学院研究生代表刘承远和西安电子科技大学微电子学院研究生代表武海迪都表示，随着芯片行业的发展，加上国家政策的扶持，同学们一定有施展抱负的机会，相关专业的从业者和同学们要始终铭记自己选择微电子的初心，不忘初心、牢记使命，才能够走得更远更坚实。李定对目前行业内存在的挑战也提出了一些看法，他认为正因为现在有很多的问题需要我们去解决，工程师们才有存在的价值，有了问题不可怕，关键是要把握住机会解决问题。

浙江大学微纳电子学院研博会主席张啸蔚提出学生组织的宗旨是就是服务。服务同学是帮助同学们提升自身的科研能力，希望通过学生组织能够让同学们知道未来自己想成为一个什么样的人。复旦大学微电子学院研会副主席混瑞智把研会比喻为“研究生报国的宣传员”，他希望研究生会是一个科研的小助手，也是连接工业产业和学校之间的连线员。电子科技大学电子学院研究生会主席团成员彭小龙说，研会通过举办一系列产学研相关活动，为研究生们搭建了一个加强学术交流、深入了解产业发展现状的平台，让同学们可以结合自身所学投入到科研中，学以致用，做更有价值的事。

本次全国微电子行业研究生论坛，由电子科技大学电子院研究生会发起，以“发扬中国芯”为主题，邀请全国示范性微电子学院的研究生骨干聚焦我国微电子行业发展现状，共同探讨作为行业中坚力量的研究生们所需要面临的机遇和挑战，旨在搭建一个创新思想、增进友谊的沟通交流平台。此次论坛在全国首次举行，受到全国示范性微电子学院产学融合发展联盟的大力支持，各知名高校纷纷响应，选派优秀学生代表参会。

各高校研会主席代表发言

高校研究生代表合照